"从零开始学"系列读本

Zero-based
learning Purchase

从零开始学采购

张计划 李亮 主编

化学工业出版社

·北京·

本书内容涵盖面广，具体包括以下几大方面：
- 认识采购。
- 采购必知财务与质量知识。
- 供应商管理。
- 询价、比价、议价。
- 采购谈判。
- 采购合同签订。
- 采购订单处理。

本书主要是为刚入职的大中专学生或刚刚从事一个新的岗位的人员设计的一套入门型工具书，对于一位新人来说，教会你一步一步学会做采购业务，慢慢胜任现在的工作岗位。

图书在版编目（CIP）数据

从零开始学采购/张计划，李亮主编．—北京：化学工业出版社，2012.7（2025.4重印）
（"从零开始学"系列读本）
ISBN 978-7-122-14567-3

Ⅰ.①从…　Ⅱ.①张…②李…　Ⅲ.①采购管理　Ⅳ.①F253.2

中国版本图书馆CIP数据核字（2012）第131741号

责任编辑：陈　蕾　　　　　　　　　　装帧设计：尹琳琳
责任校对：宋　夏

出版发行：化学工业出版社（北京市东城区青年湖南街13号　邮政编码100011）
印　　装：涿州市般润文化传播有限公司
710mm×1000mm　1/16　印张12　字数223千字　2025年4月北京第1版第17次印刷

购书咨询：010-64518888　　　　　　　　售后服务：010-64518899
网　　址：http://www.cip.com.cn
凡购买本书，如有缺损质量问题，本社销售中心负责调换。

定　　价：30.00元　　　　　　　　　　　　　　　版权所有　违者必究

　　任何一项工作，并不是你一学就会做，而是有一个过程，有一个由不会到会、由会到精通的过程，在这一过程中，必须不断地进行学习。可以说，学习是职场中人一个永恒的话题，特别是你进入了一家新公司，或者你换了新的岗位，从事一项新的工作，一切都是新的，你在学校里面学的知识，或者是以前的一些经验和技能也许在这个公司不适用，也许一切都要从头再来，所以学习更加必要，而且往往是要从零开始学。作为职场中人，要时刻保持高昂的学习激情，不断地补充知识、提高技能，以适应公司发展，争取获得更多、更好的发展机会，为机遇做好准备。

　　那么学什么呢？作为某一项工作的新手，必须要学习以下内容。

- 从事该项工作的基础知识。
- 该项工作的业务流程及各个环节的操作步骤、技巧、方法。

　　职场中人要善于学习，学习的途径很多，向同事学、向网络学、向书本学，公开地请教、暗暗地观察，都可以帮助你成长。

　　"从零开始学"丛书就是为一些岗位新手学习提供一个绝佳的途径。目前，我们从众多管理岗位中，选择了企业热门的三个行业——采购、销售、财务进行了规划，以便使欲从事采购、销售、财务三方面工作的人士参考使用。

　　《从零开始学采购》内容涵盖面广，具体包括以下7大方面。

- 认识采购。
- 采购必知财务与质量知识。
- 供应商管理。
- 询价、比价、议价。
- 采购谈判。
- 采购合同签订。
- 采购订单处理。

本书主要是为刚入职的大中专学生或刚刚从事一个新的岗位的人员设计的一本入门型工具书，对于一位新人来说，教会你一步一步学会做采购业务，慢慢胜任现在的工作岗位。

本书由张计划、李亮主编，在编写整理过程中，获得了许多朋友的帮助和支持，其中参与编写和提供资料的有江美亮、王春华、林红艺、林友进、赵建学、唐琼、吴定兵、邹凤、马丽平、郑本宝、况平、龚财鑫、李浩、唐乃勇、孟照友、柳春平、张凯、曹艳铭、滕宝红，最后全书由匡仲潇老师统稿、审核完成，同时本书还吸收了国内外有关专家、学者的最新研究成果，在此对他们一并表示感谢。

由于编者水平有限，加上时间仓促、参考资料有限，书中难免出现疏漏与缺憾，敬请读者批评指正。

编 者
2012年5月

第一章 认识采购

第一节 采购的形式与内容 /2

一、根据采购物品的用途划分 /2

二、根据采购输出的结果划分 /2

三、按采购数量大小划分 /3

四、其他类型 /3

第二节 采购的方式 /4

一、议价采购 /4

二、比价采购 /5

三、招标采购 /6

第三节 采购的5R原则 /9

一、适时（Right Time） /9

二、适质（Right Quality） /9

三、适量（Right Quantity） /10

四、适价（Right Price） /10

五、适地（Right Place） /11

第四节　采购的业务流程 /12

　　一、采购业务过程模式 /12

　　二、企业内部采购业务流程 /14

第二章　采购必知财务与质量知识

第一节　采购必知财务知识 /18

　　一、单价的构成 /18

　　二、成本分析 /20

　　三、税金的计算 /21

　　四、计算毛利 /22

　　五、采购所碰到的票据 /24

　　六、货款结算方式 /25

　　七、填写报账凭证 /25

第二节　采购必知质量知识 /26

　　一、什么是质量 /26

　　二、运用规格来表示品质 /27

　　三、质量检验 /28

　　四、质量保证协议 /31

【范本1】质量保证协议　　　　　　　　　　　　/32

　　五、产品瑕疵　　　　　　　　　　　　　　　　　/33

　　六、产品缺陷　　　　　　　　　　　　　　　　　/33

　　七、与采购有关的品质记录　　　　　　　　　　　/34

第三章　供应商管理

第一节　供应商调查　　　　　　　　　　　　　　　/36

　　一、寻找供应商　　　　　　　　　　　　　　　　/36

　　二、供应商初步调查　　　　　　　　　　　　　　/37

　　三、资源市场调查　　　　　　　　　　　　　　　/38

　　四、供应商深入调查　　　　　　　　　　　　　　/39

第二节　新供应商评审与选定　　　　　　　　　　　/41

　　一、供应商初审　　　　　　　　　　　　　　　　/42

　　二、样品确认　　　　　　　　　　　　　　　　　/45

　　三、现场考察　　　　　　　　　　　　　　　　　/47

　　　【范本2】供应商现场考察、审核表　　　　　　　/48

　　　【范本3】供应商现场评审表　　　　　　　　　　/51

　　　【范本4】合格供应商评审报告　　　　　　　　　/53

　　四、供应商选定　　　　　　　　　　　　　　　　/54

第三节　供应商日常管理　/55

一、与供应商建立双向沟通　/55
二、监视供应商的交货状况　/56
【范本5】A级供应商交货基本状况一览表　/57
【范本6】供应商交货状况一览表　/57
【范本7】检验品质异常报告　/58
【范本8】供应商异常处理联络单　/58
三、供应商品质抱怨处理　/59
【范本9】品质抱怨单　/60
【范本10】品质抱怨回复记录表　/60
四、来料后段重大品质问题处理　/61
五、定期对供应商考核　/63
【范本11】供应商评鉴表　/66
【范本12】供应商绩效考核分数表　/66
六、防止供应商垄断　/68

第四章　询价、比价、议价

第一节　采购价格种类　/72

一、到厂价与出厂价　/72
二、现金价与期票价　/72

三、净价与毛价 /73

四、现货价与合约价 /73

五、定价与实价 /73

第二节　采购价格调查 /74

一、调查的主要范围 /74

二、信息收集方式 /74

三、信息收集渠道 /75

四、处理调查资料 /75

第三节　采购底价制定 /75

一、采购底价制定的好处 /75

二、采购底价的制定方式 /76

三、采购底价计算方式 /77

第四节　采购价格确定 /79

一、影响价格的因素 /79

二、采购价格确定方式 /80

三、进行询价 /81

四、处理供应商的报价 /86

第五节　采购压价技巧 /88

一、还价技巧 /88

二、杀价技巧 /89

三、让步技巧 /90

四、讨价还价技巧 /90
五、直接议价技巧 /93
六、间接议价技巧 /93

第五章 采购谈判

第一节 采购谈判的认识 /96
一、采购谈判的适用场合 /96
二、采购谈判的内容 /96
三、采购谈判的时机 /100
四、谈判前应自问的问题 /101

第二节 采购谈判的规划 /101
一、采购前预测 /101
二、学习谈判模式 /101
三、做好采购分析 /102
四、采购优劣势的分析 /103

第三节 采购谈判的准备 /104
一、收集采购谈判资料 /104
二、制定采购谈判方案 /106
三、选择采购谈判队伍 /108

四、确定谈判地点 /109

五、安排与布置谈判现场 /110

六、模拟谈判 /110

第四节 采购谈判的过程控制 /111

一、有礼貌地相互介绍 /111

二、立场表现要明确 /112

三、议程中遵循三原则 /114

四、选择适当的谈判方式 /115

五、僵局一定要打破 /117

六、谈判结束时的掌握 /118

第五节 采购谈判的策略与技巧 /119

一、把握准谈判对手的性格 /119

二、不同优劣势下的谈判技巧 /122

三、采购谈判的沟通技巧 /124

四、采购谈判的禁忌 /126

第六章 采购合同签订

第一节 采购合同的类别与内容 /132

一、采购合同的类别 /132

二、采购合同的条款　　　　　　　　　　　　　　　　　　　　/133

　　　　【范本13】原材料零部件采购合同　　　　　　　　　　　/136

　　　　【范本14】产品买卖合同　　　　　　　　　　　　　　　/140

第二节　订立采购合同　　　　　　　　　　　　　　　　　　　　/142

　　一、签订采购合同的步骤　　　　　　　　　　　　　　　　　/142

　　二、确保合同有效性的条件　　　　　　　　　　　　　　　　/143

　　三、签订采购合同的注意事项　　　　　　　　　　　　　　　/144

第三节　采购合同的变更　　　　　　　　　　　　　　　　　　　/146

　　一、采购合同的修改　　　　　　　　　　　　　　　　　　　/146

　　二、采购合同的取消　　　　　　　　　　　　　　　　　　　/147

　　三、合同的终止　　　　　　　　　　　　　　　　　　　　　/147

第七章　采购订单处理

第一节　制作并发出采购订单　　　　　　　　　　　　　　　　　/152

　　一、请购的确认　　　　　　　　　　　　　　　　　　　　　/152

　　　　【范本15】采购申请单　　　　　　　　　　　　　　　　/155

　　二、采购订单准备　　　　　　　　　　　　　　　　　　　　/155

　　三、选择本次采购的供应商　　　　　　　　　　　　　　　　/156

　　四、与供应商签订采购订单　　　　　　　　　　　　　　　　/158

【范本16】订购单　　　　　　　　　　　　**/159**

　　五、小额请购的处理　　　　　　　　　　　　**/160**

　　六、紧急订单的处理　　　　　　　　　　　　**/161**

　　七、采购订单的传递和归档　　　　　　　　　**/162**

第二节　交期管理与货物跟催　　　　　　　　　**/164**

　　一、按时交付是采购的目标　　　　　　　　　**/164**

　　二、规定合适的前置期　　　　　　　　　　　**/164**

　　三、采购催货的规划　　　　　　　　　　　　**/166**

　　四、采购跟催执行　　　　　　　　　　　　　**/167**

　　五、减少催货的措施　　　　　　　　　　　　**/172**

参考文献　　　　　　　　　　　　　　　　　　**/177**

第一章
认识采购

学习目标

1. 对采购工作有一个基本的了解。
2. 树立采购工作的目标：适质、适量、适价、适时、适地。
3. 了解采购过程的模式，进入单位后能够用心了解采购业务内部控制流程。

第一节 采购的形式与内容

采购是指采购人员或者单位基于各种目的和要求购买商品或劳务的一种行为，它具有明显的商业性。通俗地讲，采购是一种常见的活动，从日常生活到企业运作，人们都离不开它。

一、根据采购物品的用途划分

根据采购物品的用途划分可分为工业采购和消费采购，如图1-1所示。

工业采购通常是指企业为了经营或生产所需产品和服务，而按一定代价同外部进行购买的业务活动；工业采购通常在一次采购以后便同供应商建立长期合作关系；工业采购是多人参与，有一个程序化的过程，采购数量通常比较大，价格也相对稳定

消费采购活动是个人行为，随意性较大，主要为满足个人需求，采购动机带有个人喜好，采购量也较小

图1-1 根据采购物品的用途划分

二、根据采购输出的结果划分

根据采购输出的结果来划分，可分为有形采购和无形采购，具体内容见表1-1。

表1-1 根据采购输出的结果划分

序号	分类	细分	说明
1	有形采购	原料	主要指直接用于生产的原材料，也是构成产品的最主要成分
		副料	在产品制造过程中，除了原材料以外所耗费的材料均属于副料
		机具及设备	主要指制造产品的主要工具或提供生产环境所不可缺少的设施
		事务用品	事务用品主要指办公室人员在文书作业上所需的设施，包括文具、纸张以及任何其他杂项购置

续表

序号	分类	细分	说明
2	无形采购	技术采购	指取得能够正确操作或使用机器、设备、原料等所应具备的专业知识和技能
		服务采购	为了用于服务、维护、保养等目的的采购统称为服务采购,如空调的免费安装、电脑的装机调试都属于供应商提供的安装服务的范畴
		工程发包	工程发包包括厂房、办公室等建筑物的营造与修缮,以及配管工程、空调或保温工程、动力配线及仪表安装等

三、按采购数量大小划分

在采购过程中根据采购数量的大小可分为开发采购和中试采购,如图1-2所示。

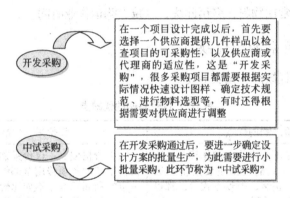

图1-2 按采购数量大小划分

四、其他类型

采购形式还可分为"设计型采购"、"组装型采购"、"包装型采购"。有些企业为了控制某一区域或某家产品的销售权,而将该商品的区域销售权买断,此类采购称为"代理型采购";从开发商或代理商那里买来商品,然后再卖给往来客户或附近居民,该类采购称为"零售性采购"。

第二节 采购的方式

一、议价采购

（一）什么是议价

议价是指基于专利或特定条件，与个别供应商进行洽购的方式，不是公开或当众竞标，而是买卖双方面对面直接讨价还价。

（二）议价程序

（1）就可能的供应商，寄发询价单，邀请报价，然后从收到的各家报价中，排定优先次序，个别进行讨价还价，直到获得最低价，或认为满意的供应价格，才办理订购手续。

（2）价格腹案。凡达到预期价格标准的商家，即可办理订购，不再进行讨价还价。大多例行常用物料，多用此法，以减少购运作业时间。

（三）议价采购的优缺点

议价采购的优缺点，见表1-2。

表1-2 议价采购的优缺点

议价采购的优点	议价采购的缺点
（1）节省费用：不必登报、制作标单、事先研拟统一条款，只需提出主要规范及数量，其他交货期、包装、付款方式等，都可在议定价格时，逐项说明 （2）节省时间：因公开招标或比价，须事先公告或通知，必须有等标或让厂商有筹划时间，开标后必须对所报的规范、条款及价格计算，分析比较复杂项目的审查，或参加的厂商众多时，无法当场决定，议价则无此种现象，可以节省不少时间 （3）减少失误，增加弹性：议价方式，可逐项面对面分析谈判，减少失误，如有失误，也可立即更正，不必重新办理招标；若有变更规格或提高品质的需要，也可修改原订底价或不以最低价决标 （4）发展互惠关系：买卖双方，可利用交易行为，从事其他有利活动，如产品交换、市场推广、技术交流、人员互补等	（1）价格偏高：议价采购时，供应商会把物料生产的各项费用全部纳入计算，并要求一定的利润标准；不如比价或招标采购中厂商之间竞争激烈，以供求关系决定价格 （2）无法取得最新资讯：议价方式采购，多是事先个别通知，并不是公开征求，可能有品质更佳、成本或价格更低的厂商，未能知晓 （3）易滋生弊端：由于议价代表秘密洽商，易受对方利诱，或受到特殊关系的顾虑，作不当的承诺，采购人员也容易受请托，工作压力较大 （4）技术难求改进：有关技术水准，由于供应来源有限，难求更广泛的比较，获得有效的品质改进 （5）违反公平竞争原则：仅向少数供应商询价，使其他的供应商，失去公平竞争的机会

（四）议价适用的范围

基于前述优、缺点的分析，下列状况比较适合采用议价，如图1-3所示。

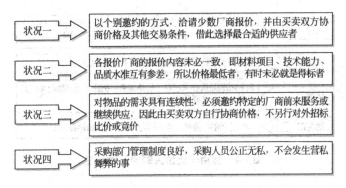

状况一	以个别邀约的方式，洽请少数厂商报价，并由买卖双方协商价格及其他交易条件，借此选择最合适的供应者
状况二	各报价厂商的报价内容未必一致，即材料项目、技术能力、品质水准互有参差，所以价格最低者，有时未必就是得标者
状况三	对物品的需求具有连续性，必须邀约特定的厂商前来服务或继续供应，因此由买卖双方自行协商价格，不另行对外招标比价或竞价
状况四	采购部门管理制度良好，采购人员公正无私，不会发生营私舞弊的事

图1-3　适用于议价采购的四种状况

二、比价采购

（一）比价的意义

采购物料或工程发包，已知只有少数厂家供应或具有承包能力，或基于政策考虑，事先拟定有关规范及条款，通知各有关厂商，定期参加竞标。因此，比价方式采购，除厂商数目有限之外，其余都与公开招标无异。

（二）比价采购的优缺点

比价采购的优缺点，见表1-3。

表1-3　比价采购的优缺点

比价采购的优点	比价采购的缺点
（1）节省时间及费用：不需登报或公告，比较节省时间，又因为已知供应厂商，因而资料搜集及规范设计等费用减少，工作量可大幅降低 （2）比较公平：因为需基于同一条件邀请厂商投标竞价，故机会均等 （3）减少弊端：比价虽可事先了解可以参加报价的厂商，但仍需竞争才能决定，除非事先串通，否则应可减少弊端	（1）可能围标：比价采购的串通围标机会较大，很可能事先分配或轮流供应，而不能做到真正竞价或合理报价，而且厂商规模不一，竞争能力必有差异，可能弱肉强食，被大厂操纵，但若供应者极为分散，且采购单位不事先公布可参加厂商的名单，或作选择性通知比价，可减少此项缺点 （2）可能造成抢标：虽然厂商报价竞标，也很有可能造成恶性抢标 （3）规格不一：由于可能由多家分配或轮流得标，规格会有差异，以致影响生产效率，增加损耗，并使维修更加困难

(三)适用状况

适用于比价采购的情形有4种,如图1-4所示。

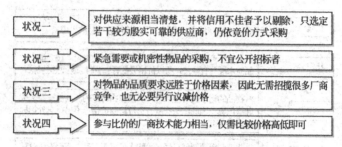

图1-4 适用于比价采购的四种状况

三、招标采购

(一)公开招标的意义

公开招标是事先规定招标的有关规范,包括品质、报价方式、投票手续、运输、交期、检验等,公开延揽厂商交货、承制或承造的方法。凡合乎资格规定的厂商,均可参加竞标,以当众开标为原则,以符合各项规定的报价最低者,优先得标。

(二)公开招标作业阶段

公开招标作业,须经下列5个主要阶段,如图1-5所示。

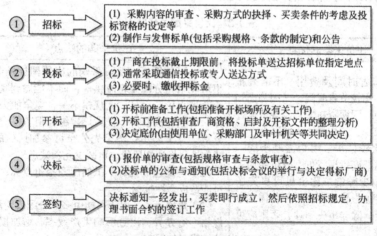

图1-5 公开招标作业的五个阶段

（三）公开招标的优缺点

公开招标的优缺点，见表1-4。

表1-4　公开招标的优缺点

公开招标的优点	公开招标的缺点
（1）公平：公开招标，使合法或符合标单规定资格的厂商、具有供应能力及意愿者，均可在公平竞争条件下，享有最低价得标的权利与机会 （2）价格合理：基于公开竞争，各厂商凭其实力（规格符合、成本最低）争取合约，非由人为或特别限制规定售价，价格比较合理 （3）改进品质：因为公开投标，各竞标厂商的产品规格或施工方法不一，可使需求者了解技术水准与发展趋势，促进其品质的改进 （4）减少弊端：各项资料公开，办理人员难以徇私作弊 （5）了解来源：通过公开招揽方式可获得更多厂商的报价，扩大供应来源	（1）采购费用较高：公开登报、标单制作与印刷、开标场所布置等，均需支付费用及人力支援，一旦发生流标或废标，花费更大 （2）可能造成围标：凡金额较大采购项目，供应商之间可能串通围标，作不实或任意提高报价，造成困扰与损失 （3）可能造成抢标：凡有现货急于变现，或因围标未果而意气用事，或有特权掩护，或基于销售或业务政策，作低于合理价格的报价者，可能造成恶性抢标，以致带来偷工减料、交货延误等风险 （4）手续烦琐：从标单设计至签约，每一阶段都须周详准备，不容许发生差错，否则会造成纠纷，由于一切必须按部就班，因而易流于呆板或缺乏弹性 （5）规格不一：所有物料，如每次采购时都是由不同厂商得标供应，其规格必有差异，会影响使用或制造效率，增加损耗与维修难度 （6）衍生其他问题：对投标厂商，事先无法了解或预做有效的资信调查，可能会衍生意想不到的问题，如倒闭、转包等，还有，招标人员借泄露底价来图利自己或他人

（四）公开招标适用状况

（1）供应来源不明或散布甚广，必须以公开的方式通知所有可能供应的厂商，在某一时间内前来报价。

（2）过去所采购的物品或工程与现在拟采购的物品或工程，在使用或维修上，没有任何关联性或要求一致性，换言之，公开投标应以标准化的产品或劳务为宜。

（3）在自由竞争情况下，以低廉的价格取得需用物品，并借以杜绝徇私，防止弊端。

实例

某有限公司是一个融冶镏金、化工于一体的大型股份制企业。公司主要产品有锐钛型钛白粉、硫酸、氧化铁红、钴盐系列产品等。为了增强企业发展后劲，壮大企业实力，公司经过深入细致的市场调研和分析，决定投资2亿人民币新建一条年产1.5万吨的锐金红石型钛白粉生产线。

本项目投资大，设备种类和数量多，仅大型主体设备投资就达3000多万元。为了保证项目合理、健康、高效地建设，根据国家有关法规文件的规定，公司决定所有设备均以招标的方式进行采购。为了能使这一方式真正发挥作用，公司经过考察和咨询，将本项目设备的招标工作委托给"某国际招标公司"和"某市机电设备招标中心"，由他们全权操作本项目设备的招投标工作。这家国际招标公司是中国机电设备招标中心的全资子公司，具有国家经贸委授予的甲级机电设备招标代理机构资格。该机电设备招标中心是某市唯一一家合法的机电设备招标机构，有着丰富的机电设备招标经验。2010年11月，该公司与某国际招标公司和某市机电设备招标中心签订了委托合同，招标工作正式启动。双方经过多次协商和讨论，确定设备招标分批进行。第一批大型设备的招标技术资料于2010年12月全部确定，开标时间定于2011年2月3日。为保证招标工作的公正、公开和合理性，由招标中心聘请的专家和本公司的专家组成了专家组，并聘请了公证人员对整个招标过程进行监督和公证。整个过程严格按招投标程序进行，经过投标、开标、唱标、议标、证标等一系列程序，本着"相同的质量和服务，价格低的优先；相同的价格和质量，服务好的优先"的原则，经过综合评定，最终确定了设备中标厂家。因为此过程合法、合理、公开、透明，彻底杜绝了"关系"和"后门"，所以，不但中标企业欢天喜地，而且落标企业也心服口服。

本项目第二批大型设备的招标工作也由该国际招标公司和某市机电设备招标中心操作，招标程序同第一批相同，于2011年2月30日开标，经过一系列工作，中标企业也顺利确定。

通过以上两次设备招标，企业真正感受到了招投标制度给企业所带来的便利和好处。首先，设备的招标采购委托给招标中心进行运作，企业节省了人力、物力、精力；其次，招标中心对整个招标过程按法律、法规运作，依据公开、公正、公平的原则进行招标，增加了设备采购过程中的透明度，杜绝了设备采购过程中可能出现的拉关系、走后门等不正之风，保证了所采购的设备的质量，最大限度维护了企业利益，同时也维护了投标企业的合法权益。

因为招标是按国家的有关法律进行的，所以通过招投标，企业可享受国家有关的优惠政策，这对企业减少投资促进项目的建设大有好处。

最重要的一点还是通过招标，可使企业货比多家，不但质量做到优中选优，而且价格方面通过设备厂家的相互竞争，可以使企业享受到最优惠的价格。通过这两次招标，预算价为1200万元的设备，最终以950万元成交，仅此就为企业节省200余万元，这大大减少了企业的投资。

通过这两次招标，企业的权益得到了充分保障，使企业对在以后的商业活动中走好招投标这条路充满了信心。

第三节 采购的5R原则

物料采购的基本原则，就是人们常提到的5R，即适时（Right Time）、适质（Right Quality）、适量（Right Quantity）、适价（Right Price）、适地（Right Place）地从供应商手中购买到生产所需要的材料。

一、适时（Right Time）

企业已安排好生产计划，如果原材料不能如期到达，往往会引起企业内部混乱，生产线必须停工待料，不能完成生产计划，并延迟交货期，引起客户不满；如果原材料提前太久购回放在仓库里等着生产，又会造成库存太多，大量积压采购资金，这是企业很忌讳的事情。所以，采购人员要扮演协调者与监督者的角色，去促使供应商按预定时间交货。对企业来讲，交货时机很重要。

二、适质（Right Quality）

一个优秀的采购人员，应该是精明的商人和合格的品质管理人员这样一个双重的角色。因为一方面，采购人员要以最便宜的价格购买到企业生产所需要的最佳品质的物料；另一方面，采购人员要不断地去推动那些长期合作的供应商去完善其品质管理体系，来提供质量更加稳定的物料。

（一）来料品质不良的后果

采购的物料因为品质方面的原因，对企业会造成以下不良后果，如图1-6所示。

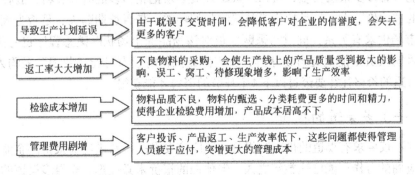

图1-6 来料品质不良的四大后果

（二）适当品质的特点

适当品质的物料，要具有以下特性，如图1-7所示。

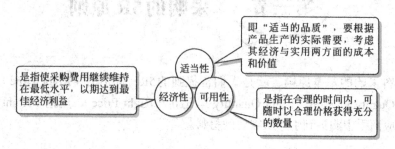

图1-7 适当品质的三大特点

三、适量（Right Quantity）

物料采购，是一次性采购还是分批量采购？采购人员要对生产需求、物料损耗、搬运和仓储费用等进行仔细地计算，来制定周密的采购计划，最终确定究竟采用哪一种采购方式。

批量采购虽有可能获得数量折扣，但会积压采购资金，太少又不能满足生产需要，所以合理确定采购数量相当关键，一般应按经济订购量订购，采购人员不仅要监督供应商准时交货，还要强调按订单数量交货。

四、适价（Right Price）

适价是指采购所需的物料，在满足数量、质量、时机的前提条件下，支付最合理的价格。

价格永远是采购活动中心的敏感焦点，企业在采购管理中最关键的一点就是采购能节省多少采购资金，所以，采购人员必须把相当多的时间和精力放在跟供应商的"砍价"上。物品的价格与该物品的种类、是否长期购买、是否为大量购买及市场供求有关系，同时与采购人员对该物品的市场状况熟悉程度也有关系，如果采购人员未能把握市场脉搏，供应商在报价时就有可能"蒙骗"采购人员。一个合适的价格往往要经过以下4个环节的努力才能获得。

（一）多渠道的报价

这不仅要求有渠道的供应商报价，还应该要求一些新供应商报价。企业与某些供应商的合作可能已达数年之久，但他们的报价未必优惠。获得多渠道的报价后，企业就对该物品的市场价格有了一个大致的了解，并进行比较。

（二）比价

俗话说"货比三家"，因为专业采购所购买的东西可能是一台价值百万元或千万元的设备或年采购金额达千万元的零部件，这就要求采购人员必须谨慎行事，因为供应商的报价单中所包含的条件往往不同，所以，采购人员必须将不同供应商报价中的条件转化一致后才能进行比较，只有这样才能得到真实可信的比较结果。

（三）议价

经过比价环节后，筛选出价格最适当的供应商进行进一步的深入沟通，这样不仅可以将详细的采购要求传达给供应商，而且可以进一步"杀价"。

（四）定价

经过上述三个环节后，买卖双方均可接受的价格便作为日后的正式采购价，一般需保持2~3个供应商的报价，这2~3个供应商的价格可能相同，也可能不同。

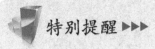 五、适地（Right Place）

天时不如地利，采购人员在选择试点供应商时最好选择近距离的供应商来实施，近距离供货不仅使得买卖双方沟通更为方便、处理事务更快捷，也可以降低采购物流成本。

许多企业甚至在建厂之初就考虑到选择供应商的"群聚效应"，即在周边地区能否找到企业所需的大部分供应商，对企业长期发展有着不可估量的作用。

> **特别提醒 ▶▶▶**
>
> 在实际采购工作中很难满足上述"5R"中的每一个方面，有时候为了满足某些方面，必须牺牲其他方面。比如，若过分强调品质，供应商就不能以市场最低价供货，因为供应商在品质控制上投入了很多精力，他必然会把这方面的成本转嫁到客户身上。因此，采购人员必须综观全局，准确地把握企业所购物品各方面的要求，以便在与供应商谈判时提出合理要求，从而争取有更多机会获得供应商合理报价。

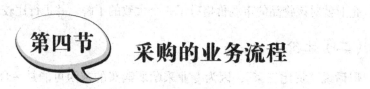

第四节 采购的业务流程

一、采购业务过程模式

一个完整的采购过程，大体上都有一个共同的模式。企业采购大体上要经历以下过程，如图1-8所示。

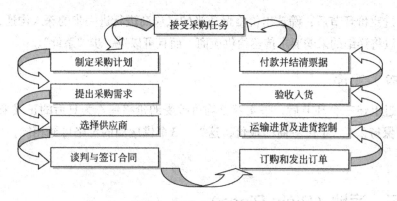

图1-8 采购业务过程模式

（一）接受采购任务

接受采购任务是采购工作的任务来源。通常是企业各个部门把采购任务报到采购部来，采购部把所要采购的物资汇总，再分配给各个采购员并下达采购任务单。有时是采购部主动根据企业的生产销售任务情况，自己主动安排各种物资的采购计划，给各个采购员下达采购任务单。

（二）制定采购计划

采购员在接到采购任务单之后，要制定具体的工作计划。首先是进行资源市场调查，包括对商品、价格、供应商的调查分析，然后选定供应商，确定采购方法、采购日程计划以及运输方法、货款支付方式等。

（三）提出采购需求

采购需求主要包括以下4个方面。

（1）规格、图样和采购文件。这些内容要能够准确地对采购产品作出规定，同时也能使供应商准确无误地理解。

（2）对采购产品的需求。要准确地规定产品的类别、形式和等级，详细地制定产品的检验程序和规范。

（3）明确主要的控制环节。即规格、图样和采购文件的编制、审批和发放。

（4）提出完整的采购文件。主要包括采购合同、图样、标准、样品和技术协议书等。

（四）选择供应商

对于供应链中的供应商，可以直接将采购信息传递给对方，而对于非供应链中的供应商，采购部门可以利用商务网络平台，将生产所需物料的供应商罗列出来，找出质量好、价格低、费用省、交货及时、服务周到的供应商。

（五）谈判与签订合同

要和供应商反复进行磋商谈判，讨论价格、质量、货期、服务及风险赔偿等各种限制条件，最后把这些条件用合同形式规定下来，形成订货合同。订货合同签订并经双方签字盖章以后，才意味着已经成交。

（六）订购和发出订单

在签订采购合同之后，就可以发出订单，有时采购合同就是购货订单。通常在常规采购中，如果对物料有长时间的需求，只要就合同进行滚动式谈判，购货订单按照合同发出即可，在这种情况下，订购和发出订单是各自独立的活动。

如果企业采用MRP采购，MRP系统会根据生产量、库存量确定需要量，当库存低于一定水平时，MRP系统会通过原料数量和购货申请制定出物料需求计划，就会提出订什么货、什么时候订、订多少数量的解决方案。MRP采购非常适合于加工、制造、装配企业中使用。

向供应商发出购货订单时，要详细、具体地说明有关的信息。购货订单包括的要素有订单编号、产品简要说明、单价、需求数量、交货时间、交货地址等，当然这些数据在采供双方结成密切合作伙伴关系的前提下可以实现数据的适时输送和共享。

（七）运输进货及进货控制

订货成交以后，就是履行合同，就要开始运输进货。可以由供应商运输，也可以由运输公司运输或者自己提货。采购员要督促、监督进货过程，确保按时到货。

（八）验收入货

采购人员要配合仓储部门按有关合同规定的数量、质量、验收办法、到货时间做好验收入库工作。财务部门按入库单及时付清货款,对违反合同的要及时拒付或提出索赔要求。

(九)付款并结清票据

付款是供应商最关心的问题,如果采购方对到期应付的货款找理由拖延,必然会引起供应商的不满,严重的还会导致供应商停止供货,甚至付诸于法律。付款虽然是财务部门的工作,采购部门也要加以协助,因为供应商的货款被拖欠时,供应商往往找采购人员进行投诉。

二、企业内部采购业务流程

具体到每一个企业,其采购业务流程的内部控制可能会不太一样,作为初入道的采购人员,一定要了解内部控制流程,以使自己能按流程的规定程序来办理采购业务。以下为某企业的采购业务流程,供参考。

实例

某企业采购业务流程如下。

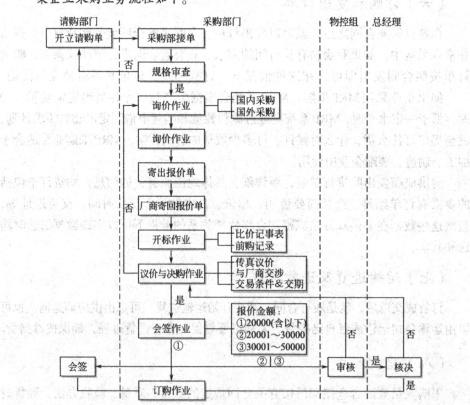

采购业务流程说明

序号	作业步骤	控制规定
1	采购部接单	（1）核对请购单上所填的资料是否齐全 （2）请购规格描述是否明确
2	规格审查	（1）依报价厂商寄回的资料，符合规定的报价单，按报价总金额输入电脑建档 （2）报价不全的厂商，要求其补齐 （3）到截止日，由电脑依报价金额高低顺序列印"厂商报价次序表"，经审核合格的厂商，施行议价作业
3	询价作业	（1）国内采购由采购部门将采购资料直接寄给厂商报价 （2）国外采购应直接向国外制造商或供应商询价，若通过国内代理商报价者，应要求代理商转送国外制造商或供应商原始报价资料 （3）要求厂商于报价期限内提出报价，以确保采购作业的时效及公平性 （4）若厂商报价规格与请购规格不同，但经确认仍可符合要求的，或会签时请购部门主动修改请购规格时，采购部门依确认或修改后的规格，重新办理询价
4	开标作业	（1）厂商报价寄回后，依报价信封上的报价截止日期分别将"报价单"投入开标专用箱，进行开标作业 （2）开标后将所有报价厂商的名称及价格填于"比价记事表"，并送采购部门研判决购与否
5	议价及决标作业	（1）议价是以最具竞争优势的厂商为先，先分析报价内容，参考采购记录基准，同时考虑市场涨跌因素及采购量多寡，拟定议价方式及议价幅度，呈核决主管批示后，交由采购人员办理 （2）议价时应以传真方式办理 （3）议价结果与目标相近者，可直接呈报核决；差异大者，应与采购主管研商，转向次低标议价或由采购主管直接与厂商交涉 （4）采购案件核决后，应立即通知得标厂商，以确保交易条件及交货期
6	会签作业	（1）"请购单"上注明有需会签者，应将厂商的报价资料送请购部门会签 （2）若厂商提供替代品或其报价规格须经请购部门确认者，采购部门应检附资料或样品，会同请购部门确认后，再行议价 （3）报价金额20000元以下由采购主管核签 （4）报价金额20001～300000元须送请购部门经理会签 （5）报价金额300001～500000元由采购部经理核签后，须送请购部门经理会签 （6）报价金额20001元以上的采购案件均需送由物控组审核

续表

序号	作业步骤	控制规定
7	订购作业	（1）采购人员询议后，应详填询议价资料，并拟定订购厂商，依采购核决权限办理呈核 （2）经呈准订购的案件，开列"订购通知单"，寄发厂商订购 （3）需预付定金及保固的案件，应制定"买卖合约书"，并取得厂商等值的担保品 （4）订购后采购部门应将"请（采）购单"连同决购厂商的资料寄送收料部门办理收料及验收作业

第二章
采购必知财务与质量知识

学习目标

1. 掌握必要的财务知识，使采购业务开展过程中更好地把握价格并与供应商进行议价。
2. 了解与采购有关的质量知识，以便能够更好地控制采购物品的质量。

第一节 采购必知财务知识

一、单价的构成

采购员对于所采购物品单价的构成应有所了解。单价的构成一般包括原材料成本、人工、固定资产折旧、模具费用的分摊、票据所纳税点数、合理的利润等。

（一）原材料价格结构

原材料价格结构，如图2-1所示。

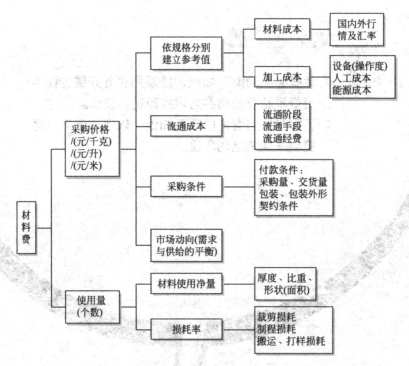

图2-1 原材料价格结构图

（二）专业组件类（规格品、专利品）价格构成

专业组件类（规格品、专利品）价格构成，如图2-2所示。

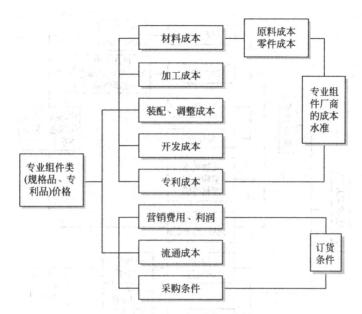

图2-2 专业组件类（规格品、专利品）价格构成图

（三）外托加工制品价格结构

外托加工制品价格结构，如图2-3所示。

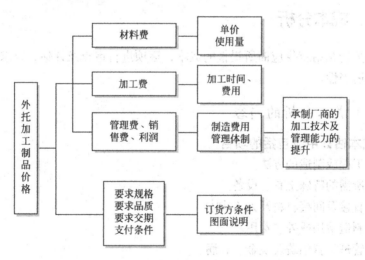

图2-3 外托加工制品价格结构图

（四）市售（规格品）零件类价格结构

市售（规格品）零件类价格结构，如图2-4所示。

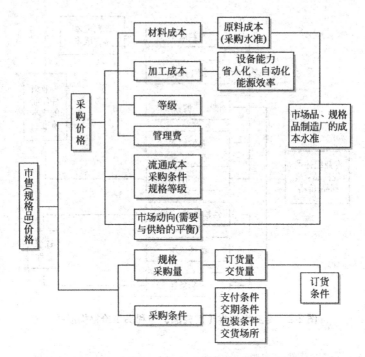

图2-4 市售（规格品）零件类价格结构图

二、成本分析

成本分析是指就供应商所提报的成本，逐项进行审查及评估，以求证成本的合理性与适当性。

（一）成本分析的内容

1.成本估计中应包括的项目

（1）工程或制造的方法。
（2）所需的特殊工具、设备。
（3）直接及间接材料及人工成本。
（4）制造费用或外包费用。
（5）管理、营销费及税金、利润。

2.成本分析工作点

成本分析也就是查证前述各项资料的虚实，包括以下两项工作。

（1）会计查核工作。必要时，可查核供应商的账簿和记录，以验证所提供的成本资料的真实性。

（2）技术分析。指对供应商提出的成本资料，就技术观点所作的评估，包括制造技术、品质保证、工厂布置、生产效率及材料损耗等，此时采购部门需要技术人员的协助。

（二）什么情形下要进行成本分析

采购人员要求进行成本分析，通常下列情形最为常见。
（1）底价制定困难。
（2）无法确定供应商的报价是否合理。
（3）采购金额巨大，成本分析有助于将来的议价工作。
运用企业规范化的成本分析表，可以提高议价的效率。

（三）怎样增进成本分析的能力

增进自己从事成本分析的能力，以下是可以加强的途径。
（1）利用自己的工作经验。
（2）向供应商学习（了解他们的制程）。
（3）建立简单的制度如成本计算公式等。
（4）养成分析成本、比价和议价的观念。

（四）成本分析表的提供方式

（1）由各报价供应商自行提供。
（2）由采购单位事先编订规范化的报价单或成本分析表，提供所有供应商统一填报。

三、税金的计算

（一）增值税（属于流转税，归国家税务局管理）

增值税是对销售、进口、委托加工商品的单位和个人就其增值部分征收的一种税，其计算方法是采用销项税额与进项税额相抵的方式，计算公式为：

$$应交增值税 = 销项税额 - 进项税额$$

增值税的税率有17%、13%、6%、4%几种。

1.进项抵扣的税率

进项抵扣的税率主要有：17%的税率适用于大多数商品的销售；13%的税率适用于粮食、水、气、食用植物油、图书、杂志、饲肥和农业产品等。

另外有以下7种情况一定要注意。
（1）农产品初级收购可凭收购凭证抵扣10%。

（2）运费凭正规运输发票可以抵扣7%。

（3）水费可抵扣6%。

（4）电费可抵扣17%。

（5）办公用品可抵扣17%。

（6）空调油耗、汽油等可抵扣17%。

（7）其他耗材，如广告耗材、低值易耗品等可抵扣17%。

所以，一定要注意，对上述发生业务尽量收增值税专用发票，以节约费用。

2. 不能抵扣的进项税额

以下业务的进项税额是不能抵扣的。

（1）购入固定资产。

（2）购入商品用于直接消费的，如购入卫生纸用于发放员工福利，虽然开入的是增值税专用发票，但是不能抵扣。

实例

某商品为农副产品初级收购，进价为10元/500克，售价为15元/500克，应交多少增值税？

计算：

因为该农产品适用的税率为13%，那么：销项税=$15 \div 1.13 \times 13\%$=1.73（元）。

该农产品为初级收购，可凭农副产品收购凭证抵扣10%，则：进项税=$10 \times 10\%$=1（元）。

应交增值税=1.73−1=0.73（元）。

（二）营业税（属流转税，归地方税务局管理）

中华人民共和国境内提供规定的劳务、转让无形资产或者销售不动产的单位和个人等按规定须上缴营业税。营业税税率一般为5%和7%，应纳税额为营业额乘上税率。

（三）附加税（包括城市维护建设税和教育费附加）

附加税主要是企业为了支援地区城市建设和教育而开立的，纳税金额是在增值税和营业税等主税基础上按比例提取的。附加税归地方税务局管理。

四、计算毛利

毛利是商品实现的不含税收入剔除其不含税成本的差额。因为增值税是与价税分开的，所以特别强调的是不含税，现在进、销、存系统中叫税后毛利。

毛利计算的基本公式为：

$$毛利 = 不含税售价 - 不含税进价$$

$$毛利率 = （不含税售价 - 不含税进价）\div 不含税售价 \times 100\%$$

$$不含税售价 = 含税售价 \div （1+税率）$$

$$不含税进价 = 含税进价 \div （1+税率）$$

从一般纳税人处购入非农产品，收购时取得增值税专用发票，按17%抵扣进项税额，销售时按17%缴纳销项税额。

实例

进价100元，售价120元，计算毛利及毛利率。

不含税进价=100÷（1+17%）=85.47（元）

不含税售价=120÷（1+17%）=102.56（元）

毛利=102.56−85.47=17.09（元）

毛利率=（102.56−85.47）÷102.56×100%=16.66%

从小规模纳税人处购进非农产品，其从税务局开出增值税专用发票，取得4%抵扣进税额，销售按17%缴纳销项税额。

实例

进价100元，售价120元，计算毛利及毛利率。

不含税进价=100÷（1+4%）=96.15（元）

不含税售价=120÷（1+17%）=102.56（元）

毛利=102.56−96.15=6.41（元）

毛利率=（102.56−96.15）÷102.56×100%=6.25%

从小规模纳税人处购进非农产品，没有取得增值税专用发票，销售时按17%缴纳销项税额。

实例

进价100元，售价120元，计算毛利及毛利率。

不含税进价=100（元）

不含税售价=120÷（1+17%）=102.56（元）

毛利=102.56–100=2.56（元）

毛利率=（102.56–100）÷102.56×100%=2.5%

总的来说，增值税是一种价外税，它本身并不影响毛利率，影响毛利率的是不含税的进价和售价。要正确计算毛利率，只要根据其商品的属性，按公式换算成不含税进价和售价就可以了。

实例

从某企业购进商品，对方单位提供的价目表注明售价100元，那么，采购员一定要了解100元的进价是含税价还是不含税价，即对方若按100元结账，是否能开具增值税专用发票。能开票，则不含税进价为100÷（1+税率）；若不能开票，则100元就是含税进价，那么毛利率就有所不同了。

对方是否属于一般纳税人，能否开具增值税专用发票，体现了该单位的实力。一般来说，都要求对方能开具增值税专用发票结账，但对于某些特殊商品，也可以灵活处理。只要能达到要求的毛利率，也可以不开具增值税专用发票，但是，应该开具普通发票作为结账的依据。而且，用普通发票结账的单位，在签订合同时，应经财务部门签字认可，否则，在结账时，将扣除税率差额。

五、采购所碰到的票据

采购所碰到的票据有收据、普通国税发票、4%增值税专用发票、6%增值税专用发票、17%增值税专用发票（4%增值税专用发票与6%增值税专用发票都是代开的，只有具有一般纳税人资格的企业才能开出17%增值税专用发票，这对可以抵扣进项税的企业来讲意味着纯利）。采购方要求对方开具票据时一定要考虑到这一点。

特别提醒 ▶▶▶

一般纳税人的条件是，商业批发企业年销售额达180万元、工业企业年销售额达100万元，或者是会计机构健全，能准确核算税款，并且有规范的发票管理的企业。不能达到以上几个条件的就归属于小规模纳税人。

六、货款结算方式

货款常用的结算和支付工具是票据,包括汇票、本票、支票,以使用汇票为主。支付方式常用的有汇付、托收和信用证三种方法。

付款方式通常有预付、货到付款、月结30天(或60天、90天)等几种方式。由于市场的激烈竞争,对本地供应商绝大部分采用月结方式,付款期限越来越长,但一般不超过90天。

付款方式不同,对采购价格也有所影响,所以,采购员对于这些方式的运用要求及注意事项都应有所了解。如果供应商是跨国公司或国外的企业,由于双方的信用情况互不了解,一般要求采用预付款的方式,经过一段时间的合作,双方有了进一步的了解,经与供应商协商,通常可以改成月结30天。对于市场紧俏的或供应商垄断的产品,供应商会要求货到付款,如果企业流动资金充足,采用货到付款经常能得到更优惠的价格。

七、填写报账凭证

采购员常常需要填写报账凭证,因此,一定要熟练掌握报账凭证的填写方法和要领。

(一)报销票据必须具备的条件

采购员用来报销的票据必须具备以下条件。
(1)填制凭证的日期。
(2)填制凭证单位名称或者填制人姓名。
(3)经办人员的签名。
(4)经济业务内容。
(5)数量、单价和金额。
(6)从外单位取得的发票,必须是税务局监制的正规发票,必须盖有填制单位的公章。
(7)发票的购货人或客户应写明本单位名称(不应加任何后缀,如采购部)。
(8)一式几联的发票和收据,必须用双面复写纸(发票和收据本身具备复写纸功能的除外)套写。

(二)票据的整理

如果手上有一些需报销的发票,则应按类别(如出租车发票、购物票、餐费等)分别粘贴在报销单上,如果发票不多,也可以粘贴在一张报销单上,但必须分类别按序粘贴。

（三）报销单的填写

应当按报销单上面的要求认真填写以下内容：票据张数、金额（包括大小写）、经办人姓名、负责人的签字，购物发票还要有除负责人、经办人之外的验收人签字，以及应当说明的事由。

> **特别提醒** ▶▶▶
>
> 填好的报销单如果金额有错，不可以涂改，应该重新填写。

第二节　采购必知质量知识

一、什么是质量

质量的传统解释是好或优良，对采购人员而言，质量的定义应是：符合买卖约定的要求或规格就是好的质量。所以，采购人员应设法了解供应商对本身商品质量的认识或了解的程度。管理制度较完善的供应商应有的质量文件：质量合格证；商检合格证。

采购人员应向供应商取得以上的资料，以利未来的交易。在我国商品的产品执行标准有国家标准、专业（部）标准及企业标准，其中又分为强制性标准和推荐性标准，但通常在买卖的合同或订单上，质量是以下列方法的其中一种来表示的。

（1）市场上商品的等级。
（2）品牌。
（3）商业上常用的标准。
（4）物理或化学的规格。
（5）性能和规格。
（6）工程图。
（7）样品（卖方或买方）。
（8）以上的组合。

采购人员在采购时应首先与供应商对商品的质量达成相互统一的质量标准，

在可能的情况下，对一些产品，如大米、衣服、家纺用品、鞋类等商品，应要求供应商提供样品封存，以避免日后的纠纷甚至法律诉讼。对于瑕疵品或在仓储运输过程损坏的商品，采购人员在采购时应要求退货或退款。

二、运用规格来表示品质

品质要从抽象的价值变成具体的形式，必须以规格表达。规格就是买方将采购产品的要求品质及一切条件告知卖方（供应者）的文书说明，也是验收时能否予以接收的依据。从技术层面看，规格可分为主要规格与次要规格两类。

（一）主要规格

主要规格指形式、吨位、性能、成分、用途、纯度、韧性、拉断力以及其他足以影响使用的规范，具体见表2-1。

表2-1 物资器材的主要规格举例

序号	物资器材项目	一般主要规格概述
1	农林、渔牧、狩猎产品	成分、用途、季节、厚度、硬度、个体大小
2	煤、矿砂、石油、煤气、土石沙砾、粗盐	用途、成分、块粒大小
3	食品、饮料、烟类	等级、成分、用途
4	纺织、皮革、木材制品	股数、经纬纱数、原料、加工方式及程度；成品的单位质量、厚度、尺码大小、用途、色泽
5	非金属矿产品	相对密度、可燃性、闪光点、纯度、用途、加工方式及程度、厚度、尺码大小
6	化学品	成分、纯度、外表形状、重量、粉状粗细、等级、颜色、用途、生产方法、反应时间
7	基本金属	含碳量、合金的相对成分、开头长度、厚度、内径、镀锌、涂漆、用途、冷轧或热轧、加工方式及程度、单位质量、拉力、用途规范标准
8	一般金属制品	原料、用途、尺码大小、外形
9	机械设备	用途、产量、形式、操作方式、动力、吨位、马力、耗电量、主要部分的构造
10	仪器	用途、精密度、形式、操作方式及限度、构造

（二）次要规格

次要规格是指厂牌及形式等的补充说明，如不参加比价的零件项目及单价、其他与使用者无关的项目等。

三、质量检验

质量检验不只是生产与品管部门的责任，采购部门也必须恪尽职守，不仅要检视供应商是否按照规范施工，还要派驻检验员抽查供应商在制品的质量，并提供试制品以供质量检测，以及检视供应商的质量管理措施是否落实，确保采购原物料的质量没有异常状况。

采购方和供应商使用的检验方法要与所采购的产品特点和检验的成本等相联系，这样才能做到事半功倍。

（一）检验的方法

常见的检验方法见表2-2。

表2-2 常见的检验方法

序号	分类方法	分类	说明
1	按检验实施的位置特征划分	固定检验	又称集中检验，是指在生产单位内设立固定的检验站，各工作地的产品加工以后送到检验站集中检验 固定检验站专业化水平高，检验结果比较可靠，但需要占用生产单位一定的空间，容易使生产工人对检验人员产生对立情绪或造成送检零件之间的混杂等
		流动检验	就是由检验人员直接去工作地检验，它的应用有局限性，但由于不受固定检验站的束缚，检验人员可以深入生产现场，及时了解生产过程品质动态，容易和生产工人建立相互信任的合作关系，有助于减少生产单位内在制品的占用
2	按检验的数量特征划分	全数检验	是指对待检产品100%地逐一进行检验，又称100%检验或全面检验，全数检验常用于下列范围： （1）对后续工序影响较大的项目 （2）精度要求较高的产品或零部件 （3）品质不太稳定的工序 （4）需要对不合格交验批进行100%重检
		抽样检验	是按照数理统计原理预先设计的抽样方案，从待检总体中抽取一个随机样本，对样本中每一个体逐一进行检验，获得质量特性值的样本统计值，然后与相应标准比较，从而对总体做出接受或拒受的判断

续表

序号	分类方法	分类	说明
3	按检验的执行人员划分	自检	由作业者依据规则对自身工作进行的检验,是一种自我把关,检验的结果可用于过程控制,随着员工参与和质量意识的提高,有效的自检在质量管理中起着越来越重要的作用
		互检	作业者相互之间对对方的工作结果进行的检验,其检验形式有多种,如班组长进行检验、员工互检、下道工序对上道工序的结果进行检验等
		专检	由专职检验员对产品质量进行的检验,优点是专职检验人员对检验程序和方法,以及符合性的准则比较熟悉,判断也更客观
4	按检验目的的特征划分	监控检验	又称过程检验,目的在于检验生产过程是否处于受控状态,以防由于系统性质量因素的出现而导致的不合格品大量出现
		验收检验	目的是判断受检对象是否合格,从而做出接收或拒收的决定,它广泛存在于生产全过程,如外购件或原材料或外协件及配套件的进货检验、半成品的入库检验、产成品运出厂检验等
5	按检验方法的特征划分	感官检验	是依靠人的感觉器官对质量特性做出评价和判断,如对产品的形状、颜色、气味、污损、锈蚀和老化程度等,它是靠人的感觉器官来进行检查和评价的,所以判定基准不易用数值表达,而且感官检验的结果往往依赖检验人员的经验,并有较大的波动性,感官检验在某些场合仍然是质量检验方式的一种选择和补充
		理化检验	是运用物理或化学的方法,依靠仪器、量具及设备装置等对受检品进行检验,理化检验通常测得检验项目的具体数值精度高、人为误差小,是现在检验方式的主体,并随现代科学技术的进步不断得到改进和发展
6	按检验对象检验后的状态特征划分	破坏性检验	破坏性检验后,受检物的完整性遭到破坏,不再具有原来的使用功能,如强度试验、寿命试验以及爆炸试验等都是破坏性检验,考虑到经济因素,破坏性检验只能采用抽样检验的方式
		非破坏性检验	非破坏性检验后,受检物的完整性不会遭到破坏,仍具有原来的使用功能

（二）对供应商的质量检验作出规定

质量检验，在采购中的作用不言而喻，双方必须成立能充分实施品质管制的组织，在采购、制造、检验、包装、交货等作业，建立彼此相关的标准作业程序，以便双方能按照作业标准来完成合作事宜。对供应商的品质检验作业，应包括下列3个阶段。

（1）进料检验。供应商为了提供买方所需物品，而外购的材料、零件，必须实施验收；当买方想了解进货的品质时，应提供相关信息，也就是买方应追踪供应商购料的品质，以确保物品的品质水准。

（2）制造过程中的品质管制。买方对于供应商加工及设备的保养、标准化作业的实行及其他必要的项目实施检查，防止制造过程中发生不良产品，也就是要派驻厂检验员抽查在制品的品质及检视供应商是否按照规范施工。

（3）制成品出货的品质管制。采购部门在供应商进行大量生产以前，可以要求供应商提供试制品供工程人员进行品质检测，供应商在制成品出货时，必须按照双方谈好的标准实施出货检验，并且要附上相关材料（如制造商的试验检查表），让品质管制做到环环相扣。

一般而言，采购部门对于供应商运送来的物料，会先进行检验才可入库，然而，若事先对供应商的品质管制做得相当彻底，就可以省略此步骤而直接入库，以便节省部分的人力与检验成本。

大部分的采购部门对于进货的物品仍实施检验，在进货检验中，有以下3项重点。

——制定抽样检验的标准与程序，作为双方配合的依据。

——根据检验标准、规格、图纸，针对供应商交货的物品进行检验、比对，以决定合格、退回修改或退回废弃。

——在检验时，发现有不合格的地方，应要求供应商迅速调查原因，并报告处理对策。

（三）签订验证方法协议

1.验证方法协议的作用

（1）对供应商提供产品的验证方法作出明确规定。

（2）防止由于验证方法不一致而引起的品质争端。

2.对验证方法协议的要求

（1）与供应商达成明确的验证方法协议。

（2）协议中规定的品质要求和检验、试验与抽样方法应得到双方认可和充分理解。

3.验证方法协议的内容

（1）检验或试验依据的规程（规范）。
（2）使用的设备工具和工作条件。
（3）判断的依据（允收水准）。
（4）双方交换检验和试验数据方面的协议和方法。
（5）双方互相检查检验或试验方法、设备、条件和人员技能方面的规定等。

四、质量保证协议

采购部门对执行品质管理必须有所依循，这也是与供应商签订合作契约中的主要部分。在契约书中必须提到"质量保证协议"，这份协议主要是买卖双方为确保交货物品的品质，相互规定必须实施的事项，并根据这些事项，执行品质检验、维持与改善，对于双方的生产效率与利润均有助益。

（一）质量保证协议的作用

（1）通过质量保证协议对供应商提出质量保证要求。
（2）通过对供应商的适当控制保证采购产品的质量。

（二）对质量保证协议的要求

（1）与供应商达成明确的质量保证协议。
（2）质量保证协议中提出的质量保证要求应得到供应商的认可。
（3）质量保证协议中提出的质量保证要求应适当，充分考虑其有效性、成本和风险等方面因素。

（三）质量保证协议的内容

质量保证协议中提出的质量保证要求包括下列内容。
（1）信任供应商的质量体系。
（2）随发运的货物提交规定的检验、试验数据以及过程控制记录。
（3）由供应商进行全检。
（4）由供应商进行批次接收抽样检验与试验。
（5）由供应商实施组织规定的正式质量体系，在某些情况下，可涉及正式的质量保证模式。
（6）由公司或第三方对供应商的质量体系进行评价。
（7）内部接收检验或分类。

以下提供一份质量保证协议框架供参考。

【范本1】质量保证协议

质量保证协议

需方：
供方：

本着团结协作、共同发展、责任明确、互惠互利和确保产品质量的原则，共同遵守《××公司产品质量索赔和激励管理办法》，并经双方协商达成如下补充协议。

一、产品质量

1. 产品名称、编号（或型号）。
2. 产品图纸和技术要求。
3. 包装、储运要求。
4. 交付状态要求（如合格证、标志和质量记录等）。
5. 需方对供方控制的要求。
6. 质量保证期。
7. 其他。

二、质量体系要求（按股份公司对供应商的政策）

1. 贯标要求。
2. 认证要求。
3. 需方对供方质量体系定期审核的规定。

三、产品检验

1. 检验项目（包括性能、材质和项目的定期复验等）。
2. 统计抽样检验方案。
3. 检验和试验设备。
4. 其他。

四、不合格批（品）的处理

1. 退货（挑选）、返工的规定。
2. 定期和随时服务与会签的规定。
3. 其他。

五、违约责任

1. 违反协议的责任。

2.让步降价幅度的确定。

3.其他。

六、附则

（1）本协议经双方代表签字后，从____年____月____日至____年____月____日有效。

（2）本协议未尽事宜，双方可协商解决。

（3）本协议一式二份，供需双方各持一份。

需方：　　　　　　　　　　　供方：

代表（签名）：　　　　　　　代表（签名）：

　年　月　日　　　　　　　　　年　月　日

五、产品瑕疵

产品瑕疵是指供应商交付的产品未达到法定的质量标准以及约定的技术要求，未能实现采购方所期望的质量状况，从而使采购方不能按计划使用产品。在产品质量法中规定了产品瑕疵的3种情形。

（1）不具备产品应当具备的使用性能而事先未作说明。

（2）不符合在产品或其包装上注明采用的产品标准。

（3）不符合以产品说明、实物样品等方式表明的质量状况。

六、产品缺陷

产品缺陷是指产品存在危及人身健康、他人财产安全的不合理危险，或者不符合国家、行业对该产品保障人身健康、财产安全的标准而存在的不合理危险，包括设计缺陷、原材料缺陷、制造缺陷和指示缺陷。

（一）设计缺陷

设计缺陷是指由于不适当设计、产品分析、试验而形成的产品缺陷。

（二）原材料缺陷

原材料缺陷是指制造产品使用的原材料不符合卫生、安全标准而造成的产品缺陷，这种商品缺陷产生的危害后果，由生产者承担赔偿责任后，生产者与原材料供应者之间还可以按合同违约承担相应责任。

(三）制造缺陷

制造缺陷是指由于产品装配不当或不符合标准造成的产品缺陷，使产品存在危及人身健康、财产安全的不合理危险。

（四）指示缺陷

指示缺陷是指生产者或销售者，没有提供真实完整、符合要求的产品使用说明和警示说明。

七、与采购有关的品质记录

（一）与接收产品有关的品质记录

（1）验收记录。
（2）进货检验与试验报告。
（3）不合格反馈单。
（4）到供应商处的验证报告等。

（二）与可追溯性有关的品质记录

（1）验收记录。
（2）发货记录。
（3）检验报告。
（4）使用记录等。

第三章
供应商管理

学习目标

1. 知道从哪些渠道去寻找供应商,并掌握不同类型调查的信息要求。
2. 能正确地去评审和选定新的供应商,能选择到适合本单位的合格供应商。
3. 能够用正确的方法来对供应商进行管理,以确保采购物品达到5R要求。

第一节 供应商调查

一、寻找供应商

一般而言,供应商的商家数越多,选择最适当供应商的机会就越大。寻找供应商,通常可通过下列途径来进行。

(一)利用现有的资料

在管理比较规范的公司,多数会建立合格供应商的档案或名册,因此采购人员不必舍近求远,应该就现有的供应商进行甄选,分析或了解它们是否符合要求——适当的品质、准时交货、合理的价格及必需的服务等。

(二)公开征求

现在的政府机构偏好以公开招标的方式来寻找供应商,使符合资格的供应商均有参与投标的机会之,不过企业通常比较少用此种方式,因为这是被动地寻找供应商。换言之,若最适合的供应商不主动来投标,恐怕就会失去公开征求的意义。

(三)通过同业介绍

所谓"同行是冤家"是指业务人员之间,因为彼此间争夺客户、竞争激烈,反之,同行的采购人员倒是"亲家",因为彼此可以联合采购或互通有无。采购人员若能广结善缘,同业必乐于提供供应商的参考名单。

(四)阅读专业刊物

采购人员可从各种专业性的报刊上,获悉许多产品的供应商,也可以从电话分类广告上获得供应商的基本资料。

(五)协会或采购专业顾问公司

采购人员可以与拟购产品的同业协会洽谈,让其提供会员供应商名录,此外也可联系专业的采购顾问公司,特别是来源稀少或取得不易的物品,如精密的零件。

（六）参加产品展示会

采购人员应参加有关行业的产品展示会，亲自收集适合的供应商资料，甚至当面洽谈。

（七）上搜索引擎

首先通过搜索引擎来搜索，再根据地区筛选，然后根据地理位置、公司规模、网站情况及所需要的物料是否为其公司主打产品来选择合适的厂家，最后电话联络。

如果运用"贸易在线"，则可用贸易通来沟通，因为有些物料通过电话是说不清楚的，这时就需要用图片来说明。

（八）上行业网站

每个行业都有大量的行业专业网站，有大量的采供信息提供，可以根据自己所从事的行业，搜索相关的行业网站，将会对采购提供很多专业的帮助。

二、供应商初步调查

如果对某家供应商有意向了，就要实施初步调查。一般而言，在进行初步调查供应商时最好能够收集到以下资料。

（一）公司概况

用于了解供应商的基本资料，如创立时间、注册资本、规模、性质、优势等内容，以初步判定是否有合作基础。

（二）公司组织架构

用于初步了解该供应商的管理体系是否严谨、部门设置是否健全，同时也可看出职能分工是否清晰。

（三）产品一览表

通过产品一览表，可了解该供应商是否与本企业现需的原材料要求相符，并求证该供应商的优势所在。

（四）各项品质资质证明

如ISO 9000、ISO 14000、3C认证、UL认证、CE认证等各种安规认证书的副本，再加复印件，用以确认供应商是否取得相应资格。

(五) QC工程图

QC工程图是供应商产品的生产工艺及品质的结合体,通过它可以粗略地了解供应商产品的部分特质及品质是否有效。

(六) 供应商品质保证所使用的工具

主要是指在保证品质的同时,使用一些流行和有效的方法和工具,如SPC、FMEA、MSA等,使用这些方法和工具对品质保证有很大的好处,同时也可反映出供应商目前的品质水准。

(七) 生产与检验设备一览表

生产与检验设备一览表是用来判断供应商的产能产量,以便今后下订单时有一个初步的订单量的判断,同时还可以作为第一印象来判断供应商的文控状态,这是一家企业管理的基本资料。若有合理的文件编号,则至少表明该供应商有文控;如未做文件编号或有做得不合理的文件编号,则表明该供应商文控系统有问题,同时也至少说明其管理体系是不严谨的。

(八) 产能报告

了解供应商的生产能力,作为以后下订单时确定订单量的依据之一。

三、资源市场调查

资源市场调查的内容不仅是供应商调查,还包括资源市场的规模、容量和性质以及资源市场的管理制度、法律制度、经济环境和政治环境等,结合供应商调查的情况,就可以了解整个资源市场的产品、价格、技术、质量、需求以及竞争状况,见表3-1。

表3-1 供应商资源调查报告

调查内容	现有供应商	新增供应商	备注
供应商名称			
供应商基本情况			
与供应商合作年限			
公司各部门产品使用情况(数量、金额、使用寿命)			
价格水平			
财务付款情况			

续表

调查内容	现有供应商			新增供应商			备注
财务欠款情况							
售后服务情况							
新增供应商基本工商资质							
主要生产设备与检测设备先进水平							
主要产品技术指标							
生产规模							
主要用户业绩							
公司财务能力							
售后服务情况							
主要用户使用情况							
公司邮箱							
备注							

四、供应商深入调查

供应商深入调查是指对准备选择为合作伙伴的供应商进行更加深入仔细的考察活动。这种考察要深入到对供应商的生产线、生产设备、生产工艺、质量检验和管理部门进行调查，重点考察生产工艺设备、质量保证体系和管理水平。

 实例

某企业供应商深入调查报告

一、企业概况

公司全称：××五金厂

公司所在地：××市××工业区××号

创立日期：××××年×月×日　　总投资或固定资产：××万元

董事长或总经理：吴×× 电话：×××××××× 传真：××××××××

技术质量负责人：张×× 电话：×××××××× 传真：××××××××

销售管理负责人：王×× 电话：×××××××× 传真：××××××××

企业形式：民营企业□　　合资企业□（合资方与合资比例：　　）

　　　　　国有企业□　　其他□

注册资本额：×××万元　　　　2011年总销售额：××××万元

近三年来赢利能力指标（净资产收益）：2009年为×××万元；2010年为×××万元；2011年为×××万元。

二、主要客户

客户名称	主要产品	销往区域	联系人及电话	供货情况	认证情况
××五金贸易公司	水龙头	欧洲	×××	没出现断货情况	欧洲CE认证
……	……	……	……	……	……

三、工厂情况

总人数	管理人员	技术人员			工人	其他
		设计	工艺	质量保证		
200人	10人	5人	5人	2人	160人	18人

1. 制造车间

3000平方米（略）

非生产用地情况：（略）

总占地面积：1万平方米。

2. 生产潜力

有几班人员配置：2班。现为几班制：2班。

现有生产能力：1万箱件/月。设计生产能力：1.5万箱件/月。

3. 生产能力

（1）是否有模具的设计能力？

（2）是否有制造能力？

（3）是否有维修能力？

（4）主要模具加工设备有哪些？

模具加工设备名称	型号	台数	产地
全自动CNC	××	2台	德国
车床	××	5台	中国厦门

4. 技术力量

产品设计人员：5人	职称状态：工程师	年龄结构：40岁左右
制造工艺人员：5人	职称状态：工程师	年龄结构：40岁左右
质量保证人员：2人	职称状态：工程师	年龄结构：40岁左右

自主设计开发过哪些车型的哪些零配件？单把水龙头、淋浴水龙头。
有何新技术、新材料的应用？准备用不锈钢代替铜。

5.质量

是否通过质量管理体系三方认证？是□　　否□

请说明已通过的认证项目或认证计划。ISO 9001：2008

如果通过，请附上认证的复印件和现场审核报告（正审或监督审核）。

工厂主要发展史及长远规划：（略）

6.主要生产设备：（略）

四、产品成本构成

已批量供货的产品品种：单把水龙头（46254、36521）

主要原材料的种类：A级铜、DR铜

主要原材料供货厂家：××铜厂　　　　电话：×××××××

（略）

供应商深入调查需要花费较大的人力、物力和财力，调查的成本较高，并不是对任何供应商都必须采用，但是在JIT采购中和对提供关键零部件的供应商就必须采取供应商深入调查。

第二节　新供应商评审与选定

通过供应商调查可以基本确定要选取的供应商方向，但是到底选择哪一家呢？还必须对供应商进行评选，择优录取。一般的步骤如图3-1所示。

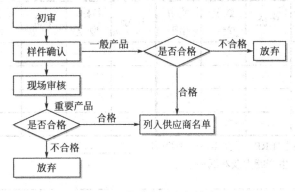

图3-1　供应商评审与选定

一、供应商初审

在这一步中,最重要的是对供应商做出初步的筛选。

(一)运用标准的供应商情况登记表

最好使用统一标准的供应商情况登记表(见表3-2),来管理供应商提供的信息。这些信息应包括供应商的注册地、注册资金、主要股东结构、生产场地、设备、人员、主要产品、主要客户、生产能力等。通过分析这些信息,可以评估其工艺能力、供应的稳定性、资源的可靠性,以及其综合竞争能力。在这些供应商中,剔除不适合进一步合作的供应商后,就能得出一个供应商考察名录。

表3-2 供应商基本资料表

编号:_____ 日期:_____

公司全称:_____	公司注册号码:_____	电话:_____
注册资金:_____	地址:_____	传真:_____

1.管理层联系人:

姓名	职位	负责	联系号码(电话、手机)	邮箱地址
	总经理			
	业务部经理			
	品管部经理			

2.公司性质:□独资 □合资 □民营 □私营 公司网址:
成立日期:_____ □自建 □租用 面积共:_____ 到期日期:_____
3.雇员人数:
工程人数:_____ 品管人数:_____ 生产人数:_____
员工总人数:_____ 工作小时/天:_____ 估计每月薪水总支出:_____
4.主要机械设备:

序号	名称、型号	单价	数量/台	使用年限	序号	名称、型号	单价	数量/台	使用年限

5.物料运作体系:□ERP □MRPII □其他_____
6.公司主打产品、生产能力及利润率:
产品类别:_____ _____ _____
月产量:_____ _____ _____
平均利润率:_____/% _____/% _____/%

续表

7. 第三方认证，并提供副本：
　　序号　　　　组织名称、国别　　　证书编号　　　　获证日期　　　　范围
　　_____　　_____　　_____　　_____　　_____
　　_____　　_____　　_____　　_____　　_____
　　_____　　_____　　_____　　_____　　_____

8. 请列出三个主要客户与主要核准供应商：

项次	客户全称	已合作年限	供应商全称	已合作年限

9. 公司财务状况：
　　法定资本：_____　　缴足资本：_____　　年度产值：_____

10. 企业执行标准：

11. 在产品质量保证方面采取的主要措施（可附表说明）：
　　_____
　　_____

12. 是否有下列程序文件（可提供复印件）：
　　□检验和试验程序　　□纠正及预防措施程序　　□退货处理程序　　□不合格品控制程序

13. 是否有以下资料或记录：
　　□检验规范　　　　　　□进料检验报告　　　　□出货检验报告
　　□材料用量表　　　　　□计量检测校正记录　　□设备仪器保养记录
　　□工序控制记录（关键工序、流程单）　　　　　□客诉及不合格品处理记录
　　□员工教育培训记录

14. 服务与承诺（可附表说明）：
　　_____
　　_____

15. 公司自评：
　　_____
　　_____

16. 公司的强项：
　　_____
　　_____

核准：_____　　　审核：_____　　　填表人：_____

备注：为了双方真诚友好合作，请如实填写以上资料，并随该"供应商基本资料表"附上贵公司的营业执照、税务登记证复印件与相关证书签章后邮寄本公司采购部作为审厂依据，如不详之处请与我公司经办人联系！谢谢合作！

（二）初审的步骤

通常供应商初审标准分为以下两部分。

1.选择与企业要求相适宜的供应商

此部分可以参考以下案例。

 实例

某供应商与企业标准对比

项目	企业要求标准	供应商A	供应商B	供应商C	供应商D	供应商E
质量	A级	A级	A级	B级	A级	A级
价格	单价：8元	单价：7元	单价：6元	单价：9元	单价：8元	单价：6元
交货期	10天	8天	11天	6天	6天	9天
服务	A级	A级	B级	B级	B级	A级
位置	本省	本省	外省	本市	本省	本市

注意：B级比A级差，单价越低越好。

分析：如何选择供应商呢？首先将供应商与企业要求作一个对比。

A供应商，完全符合要求。

B供应商，位置与交货期不符合。

C供应商，质量与服务不符合。

D供应商，服务不符合。

E供应商，完全符合要求。

所以结论为：A、E供应商入选。

2.从相适宜的供应商中择优录取

一般来说，一个行业的兴起必然带动一个供应链的兴起，能够达到企业要求的供应商不可能只有一家，但实际上可以与企业存在经营往来的供应商是有限的。如何选出有限的几家供应商？在业界最流行的是择优录取法，不过企业流行的择优录取法方式不一，主要有以下两种。

（1）质量优先法。通过制定供应商选拔最低标准，可以确定供应商的候选名单，质量优先法即从这些候选名单中按照供应物料质量最优的方法来录取。如果供应物料的质量相同，便对供应物料的价格进行对比，选取供应物料价格最低的供应商。如果价格也相同便对供应物料的交货期进行对比，选择交货期短的供应商。

（2）价值优先法。这里价值是指所采购的产品对企业的价值，是以最低的成本，在理想的地点、时间发挥出产品的需求功能，而价值工程就是从这一理论出发去选择执行采购任务的。

价值理论公式为：

$$V = \frac{F}{C}$$

式中　F ——Function，功能重要性系数；
　　　C ——Cost，成本系数；
　　　V ——Value，功能价值系数。

比如，电视机厂家在生产电视机配件螺丝时，螺丝有铁的、有铜的，其中铁螺丝的成本为0.2元，而铜螺丝的成本为0.3元，但两者的功能相同，所以从价值角度出发在选择螺丝时最好选择铁螺丝。

实例

华南一家大型原油冶炼公司，在采购原油上充分运用了采购价值理论分析。该企业有两种选择：一是选择A种油，二是选择B种油。

A种油的热值是：8000J/kg	B种油的热值是：6000J/kg
单价是：78美元/桶	单价是：60美元/桶
代入价值公式：$V = \dfrac{F}{C} = \dfrac{8000}{78} = 102$	代入价值公式：$V = \dfrac{F}{C} = \dfrac{6000}{60} = 100$

从价值公式的核算中可以看出：购买A种油要优于购买B种油。由于受到地理、政治因素影响，原油价格出现如下波动。

A种油变为单价是：100美元/桶	B种油的单价为：71美元/桶
代入价值公式：$V = \dfrac{F}{C} = \dfrac{8000}{100} = 80$	代入价值公式：$V = \dfrac{F}{C} = \dfrac{6000}{71} = 84$

此时从价值公式的核算中可以看出：购买B种油要优于购买A种油。

二、样品确认

一般来说，企业在确定供应商之前，会要求供应商提供样品，以证实供应商的物料质量。

实例

样品确认报告书

编号：　　　　　　　　　　　　　　日期：

供应商名称		送验次数		第　次送验	送验日期	年　月　日
样品数						
认可目的	□新机种材料　□工程变更材料　□代用材料　□开发第二供应商					
料　号		品名规格			使用机种	
使用仪器						
测试条件						

项次	测试项目	规格	No.1	No.2	No.3	No.4	No.5	平均值	判定
1									
2									
3									
4									

备注：

结论	□准予认可　　　□不予认可　　　□有条件认可
	是否必须再送样品：□要　　　□不要

认可		核准		承办		备注	

供应商样品评价表

供应商名称		地址	
联系人		电话、传真	
样品名称		数量	
型号规格			
检测部门			
检测标准			
检测结论			
检验报告号码			
用于何种产品			

续表

试用部门	
试用情况	
评价结果	
评价部门工程师		主管	
经理		日期	

三、现场考察

接下来，采购人员要安排对供应商的实地考察，这一步至关重要。必要时在审核团队方面，可以邀请质量部门和工艺工程师一起参与，他们不仅会带来专业的知识与经验，共同审核的经历也会有助于公司内部的沟通和协调。

（一）实地考察的项目

在实地考察中，应该使用统一的评分卡进行评估，并着重对其管理体系进行审核，如作业指导书等文件、质量记录等，要求面面俱到、不能遗漏，比较重要的有以下项目。

（1）销售合同评审。要求销售部门对每个合同评估，并确认是否可按时完成。

（2）供应商管理。要求建立许可供应商清单，并要有效的控制程序。

（3）培训管理。对关键岗位人员有完善的培训考核制度，并有详细的记录。

（4）设备管理。对设备的维护调整，有完善的控制制度，并有完整的记录。

（5）计量管理。仪器的计量要有完整的传递体系，这是非常重要的。

在考察中要及时与团队成员沟通，在结束会议中，总结供应商的优点和不足之处，并听取供应商的解释。如果供应商有改进意向，可要求供应商提供改进措施报告，做进一步评估。

（二）供应商现场考察、审核表

可以制定标准的供应商审核表并发给供应商进行自评，以自评的结果作为现场审核的参考，以下为某企业的供应商现场考察审核表，见以下范本。

【范本2】供应商现场考察、审核表

供应商现场考察、审核表

供应商名称：

说明：请供应商在我公司去现场审核前进行自评，分数填在"自评得分"栏里，发给我公司，供我公司现场审核时参考。

一、物料管理（权重为15%）

项目	内容	差	一般	良	优	自评得分	客户评分
原料、成品仓库	区域隔离	0	1	2	3		
	物料识别	0	1	2	3		
	物料的保护	0	1	2	3		
	储存环境的监测及控制	0	1	2	3		
	物料批数记录	0	1	2	3		
	物料处理和储存控制	0	1	2	3		
	物料的可追溯性	0	1	2	3		
生产线、检查区域	半成品（WIP）状态的识别	0	1	2	3		
	部件的标示	0	1	2	3		
	半成品（WIP）缺陷的标示	0	1	2	3		
	工位内的物料处理	0	1	2	3		
实得分：							

二、品质管理和控制（权重为25%）

项目	内容	差	一般	良	优	自评得分	客户评分
来料检验（IQC）	检验范围	0	1	2	3		
	检验指引	0	1	2	3		
	检验记录	0	1	2	3		
	检验、测试设备	0	1	2	3		
	检验环境	0	1	2	3		
	部件状态识别	0	1	2	3		
	有效期检验要求（主要化学物品，如胶水、油墨水等）	0	1	2	3		

续表

项目	内容	差	一般	良	优	自评得分	客户评分
来料检验（IQC）	对供应商的控制	0	1	2	3		
	拒收的处理	0	1	2	3		
制程的检验和监督	检验指引	0	1	2	3		
	检验记录	0	1	2	3		
	改善行动要求（CAR）系统以达不断改善目的	0	1	2	3		
	大量生产前的样品批核	0	1	2	3		
	对测试设备、治具功能确认及检查	0	1	2	3		
	检验环境	0	1	2	3		
最终检验（FQC）	检验指引	0	1	2	3		
	检验记录	0	1	2	3		
	检验、测试设备	0	1	2	3		
	检验环境	0	1	2	3		
	成品状况标示	0	1	2	3		
	改善行动要求（CAR）系统	0	1	2	3		
	拒收批的处理	0	1	2	3		
	产品的可靠性测试	0	1	2	3		
实得分：							

三、生产管理和控制（权重为30%）

序号	内容	差	一般	良	优	自评得分	客户评分
1	工作岗位作业指引文件（指导书）	0	1	2	3		
2	作业指导书的修改	0	1	2	3		
3	机器、治具的预防保养维修	0	1	2	3		
4	工作岗位要保留批核样品	0	1	2	3		
5	作业员、QC与IPQC对工具及测量仪器的使用	0	1	2	3		

续表

序号	内容	差	一般	良	优	自评得分	客户评分
6	生产流程效率	0	1	2	3		
7	制程、生产线上的缺陷部品处理	0	1	2	3		
8	物料标示	0	1	2	3		
9	车间整洁状况	0	1	2	3		
10	作业员对物料处理的态度（意识）	0	1	2	3		
11	维修工序的有效性	0	1	2	3		
12	生产人员和品管人员的区别	0	1	2	3		

实得分：

四、设计接收、检讨及发出（权重为10%）

序号	内容	差	一般	良	优	自评得分	客户评分
1	设计版本的更新、监察及追踪	0	1	2	3		
2	客户设计文件的保存	0	1	2	3		

实得分：

五、测量仪器、设备的校正（权重为20%）

序号	内容	差	一般	良	优	自评得分	客户评分
1	责任和人员资格	0	1	2	3		
2	校正计划	0	1	2	3		
3	校正指引	0	1	2	3		
4	校正记录及文件维系	0	1	2	3		
5	实验室环境的监测及控制	0	1	2	3		
6	设备状态的标示	0	1	2	3		

实得分：

（三）供应商审核报告

供应商现场审核完毕过后，需要对审核结果作出评判，并得出审核报告，以便供应商修正,同时也为采购方提供选拔依据。以下提供两个审核报告的范本供参考。

【范本3】供应商现场评审表

供应商现场评审表

评审日期:　　　　　编号:

供应商基本情况	公司名称			计划承接公司产品	
	公司地址				
	联系人		职务	涉及加工工艺过程	
	电话		传真		

评审员	姓名	职务	协评员	姓名	职务

评审项目	评审内容	4	3	2	1	0	得分
质量体系管理	质量方针、质量目标是否建立?是否定期评审?						
	新员工需进行哪些入门培训?工作中的员工有哪些培训?						
	工作场地是否清洁、整齐、定置摆放?						
检验和试验	如何监控进料质量?材料成分、ROHS符合性是否被确认?如何确认?是否有书面程序?						
	来料检验是否有检验规范、检验记录?						
	过程检验是否有检验规范、检验记录?						
	最终检验是否有检验规范、检验记录?						
	是否有检验和试验的状态标志?						
	不合格品是否有处理程序并按程序处理?						

续表

评审项目	评审内容	4	3	2	1	0	得分
检验和试验	质量出现异常时是否进行信息反馈?是否有纠正措施?						
	计量器具是否有检定管理制度?使用状态是否良好?						
过程控制	是否对承接的产品具备足够的工序能力?						
	是否制定制造流程图和作业指导书?						
	产品是否有适当的标志?						
	机械设备是否定期保养、润滑、清洁?						
	工装、工具是否适当保存?现场使用状态是否完好?						
	搬运工具是否能避免产品损坏?						
	仓库是否清洁,标志是否清楚,账、卡、物是否相符?						
出货安排	产品出货前是否进行出货检验,并按客户要求标示?						
	生产计划是否依据交付期排定,以确保按期交货?						
	有无适当的紧急订单的处理方式与能力?						
客诉处理	是否有处理客户投诉的程序?改善预防措施报告是否及时递交(几天内)?						
服务	供应商回复需求是否及时?(如PO确认、报价)						
	供应商生产计划是否满足客户要求?						
供应商管理	是否有一个系统评估和选择供应商,并有相应的记录?						
	所有原材料供应商是否为合格供应商?						
合同评审	是否有合同评审程序并有相应的记录?						
	合同更改是否再次评审?						

续表

评审项目	评审内容	4	3	2	1	0	得分
客户资料控制	顾客提供的文件和资料如何控制?是否有文件规定客户文件和资料的管理并按文件要求执行?						
		得分合计					

评分标准:
1.每一个评价条款在0~4分之间打分,4分是最高分。
0分:无文件,也没有执行。
1分:有文件,少部分执行或者无文件,有执行。
2分:有文件,绝大部分确实执行,少部分未执行。
3分:有文件,确实执行,无记录。
4分:有文件,确实执行,有记录。
2.若一项分数小于3,供应商必须在10个工作日内提交纠正改善报告,不合格项目必须在2个月之内关闭。
3.得分在85以上为合格,可纳入合格供应商名录;低于85分为评审不合格;70~85分之间为改善后再评审;低于70分为保留资料暂不列入名单。

评审小组:
审核报告:

评审结论	评审合格□	评审不合格□
	改善后再评审□	保留资料暂不列入名单□

【范本4】合格供应商评审报告

合格供应商评审报告			
供应商名称			
联系人	电话	备注	
	传真		
产品工序名称		产品执行标准	
序号	供 方 自 评		
1	质量体系	质量体系认证□	无□
2	执行标准	能执行标准□	无标生产□

续表

序号		供方自评		
3	企业注册资金	300万以上□	100万以上300万以下□	50万以下□
4	生产方式	流水作业成批生产□	单件生产□	
5	设计能力	自行设计□	能设计简单产品□	不能设计□
6	企业年资	10年以上□	5年以上10年以下□	3年以下□
7	企业人资条件	500～1000人□	100～500人□	0～100人□
8	企业业绩	年产量100%～200%□ 年产量60%以下□	年产量70%～90%□	

序号		我公司评审		
1	提供产品质量	优□	良□	一般□
2	服务情况	优□	良□	一般□
3	生产能力	超过历年最高销售量□	基本满足□	不满足□
4	按时交货情况	较好□	一般□	较差□

评审意见：
  按照《供方评价准则》，对供应商资质、生产能力以及提供产品质量等进行评定，该供应商基本（符合）（不符合）我公司合格供应商的要求，建议该供应商（列入）（不列入）我公司《合格供应商档案》中。
        评审人：   年 月 日

评审结论：
  同意将该供应商（列为）（不列为）我公司合格供应商。
        总经理：   年 月 日

年度复评记录			
____年度	是否继续列入合格供方名录	批准	时间
____年度	是否继续列入合格供方名录	批准	时间
____年度	是否继续列入合格供方名录	批准	时间

四、供应商选定

通过供应商的初审、样品验证、重要物料供应商的现场审核，基本上可以锁定所要合作的供应商了。一般的程序为将锁定的供应商列入合格供应商名录（见表3-3），并制定供应商卡片（见表3-4），与之保持物料交易关系，并在日后交货中对其进行考察。

表3-3 合格供应商名录

供方编号	供方名称	合作项目	联系人	电话、传真	注册地址	首次列入日期	备注

表3-4 供应商卡片

状态：□供货　　□认定　　□潜在

供方基本情况	名称			供方代码：	
	地址				
	营业执照号		注册资本		
	联系人	部门		职务	
	电话		传真		
	E-mail		信用等级		
产品情况	产品名	规格	价格	工厂评审等级	可供量	市场份额
运输方式		运输时间		运输费用		提前期	
供方等级		有效期	年　月　日~　年　月　日

第三节　供应商日常管理

一、与供应商建立双向沟通

（一）必须有沟通渠道

要进行双向沟通，首先必须有沟通渠道，而企业通常会规定这种沟通渠道，因此采购人员应该好好利用这些渠道。沟通渠道包括以下类别。

- 负责沟通的部门及人员。
- 供应商接受沟通的部门及人员。
- 沟通的方式，如电话、互联网、信件、联席会议、走访等。
- 沟通的具体规定，包括定期的和不定期的，定期的如联席会议、走访，不定期的如因临时出现问题而采取的沟通。

（二）沟通渠道必须畅通

发现问题要能及时通知供应商，并迅速予以解决，因此，采购人员必须掌握供应商的基本情况，而这些情况则包括如下内容。

- 供应商的名称。
- 供应商的地址。
- 供应商的负责人。
- 供应商负责沟通的部门及人员。
- 供应商的联系电话、传真、网址。
- 供应商提供的"采购"产品目录。
- 供应商在"合格供应商名单"中的等级（供应商的供货能力）。
- 供应商的历史表现情况。
- 供应商处理问题的态度和能力。
- 供应商对沟通的反应能力（包括反应是否及时、处理是否及时等）。
- 其他有关供应商的情况。

（三）建立相应的程序

（1）为了使双向沟通更有效，企业和供应商都应建立相应的程序，而该程序应当规定定期沟通和不定期沟通的时间、条件、内容、沟通方式等，必要时还应有专门的沟通记录，如"厂际质量信息卡"等。

（2）沟通的状况，应当作为供应商的表现之一（而且是表现的重要内容），并将其纳入对供应商的监督、考核之中，作为评定其等级的条件。

（3）对拒绝沟通或沟通不及时的供应商，则要让其限期改进，如果供应商不改进，就应考虑将其从"合格供应商名单"中除去。

二、监视供应商的交货状况

所谓"监视"，就是及时了解并准确把握外包产品的交货、验证、使用等情况，发现异常可以及时与供应商沟通，从而及时解决存在的问题。

采购人员应当在供应商的发货部门（包括发货前的检验部门）和企业的收货部门（包括收货后的检验部门）建立信息点，其中后者也是最重要的信息点。

要通过定期的收货及收货后检验情况报表和不定期的异常情况报告两种方式，对供货状况进行监视，而其中异常情况报告特别重要。对异常情况可以分级分类处理，其中如果涉及关键特性的质量问题、可能影响生产正常进行的问题应立即报告，不得延误。

采购人员只有掌握了情况，才能对供应商进行监督，促使其采取纠正措施和预防措施，从而使供货状况向更好的水平发展。

在这一过程中可以运用以下一些表格来加强管理。

【范本5】A级供应商交货基本状况一览表

A级供应商交货基本状况一览表

分析日期：

序号	供应商名称	所属行业	交货批数	合格批数	特采批数	货退批数	交货评分

制表：　　　　　审核：

【范本6】供应商交货状况一览表

供应商交货状况一览表

分析期间：　　　年　　月　　日

供应商编号		供应商简称		所属行业	
总交货批次		总交货数量		合格率	
合格批数		特采批数		退货批数	

检验单号	交货日期	料号	名称	规格	交货量	计数分析	计量分析	特检	最后判定
	月　日								
	月　日								
	月　日								

制表：　　　　　审核：

【范本7】检验品质异常报告

检验品质异常报告			
供应商	料号		品名
交货日期			
交货数量			
样本数量			

进料异常描述：
☐新料　　　☐新版　　　第____次进料
☐无规格　　☐未承认　　☐无样品
☐附样品_____件
☐附检验记录
☐同一异常已连续3次（含3次）以上
QC工程师确认：

序号	规格	问题描述	不良数	MA	MI

简图：

【范本8】供应商异常处理联络单

供应商异常处理联络单			
自		至	
电话：		E-mail：	
日期：		编号：	
以下材料，请分析其不良原因，并拟订预防纠正措施及改善计划期限。			
料号		品名	验收单号
交货日期		数量	不良率

续表

库存不良品		制程在制品		库存良品	

异常现象

IQC主管：　　　　　　检验员：

异常原因分析（供应商填写）

确认：　　　　　　分析：

预防纠正措施及改善期限（供应商填写）
暂时对策：
永久对策：

审核：　　　　　　确认：

改善完成确认

核准：　　　　　　确认：

说明：1.该表就被判定拒收或特别采用的检验批向供应商发出。
　　　2.供应商应限期回复。

三、供应商品质抱怨处理

供应商品质抱怨是指供应商在品质上有违反或未达到双方达成的品质协议或其他协议，企业对其供应商采取一种通知与处理的措施，也是一种相对轻微的措施，而严重的措施可能就是索赔。

品质抱怨通常是由IQC部门填写品质抱怨单，交由采购部门发出。品质抱怨单的格式最好统一规范，下面提供一份范本供参考。

【范本9】品质抱怨单

品质抱怨单			
供应商代码		供应商简称	
联系部门		联系人	
电　话		传　真	
E-Mail		日　期	
抱怨主题		性质	□普通　□紧急

抱怨内容：
　　贵公司____年____月____日送货的____（料号），型号为____的____产品，有_____的问题，造成我公司的_____等状况，请于____年__月____日前处理好此问题，并以此为戒。
　　另根据我公司与贵公司的_____协议，采取_____的处理，如有异议请来电！
　　另附《×××》
　　　　《×××》

备注：

　　　　　　　　　　　　　　　　　　　　　　××公司采购部　×××发
　　　　　　　　　　　　　　　　　　　　　　　　年　　月　　日

企业下发了品质抱怨单给其供应商，供应商在正常状况下也会有回复，而对供应商回复的内容也要登记并记录保存下来，同时为了数据管理的方便，最好规范好登记格式，其内容必须包括抱怨单号、发出抱怨的信息、原要求解决日期、实际解决日期、最后判定等项目，其格式可参考下面范本，也可根据自身特点编制。

【范本10】品质抱怨回复记录表

品质抱怨回复记录表			
供应商代码		供应商简称	
联系部门		联系人	
电　话		传　真	
E-Mail		日　期	
抱怨主题		性质	□普通　□紧急　□重大

				续表
要求回复日期	年 月 日	实际回复日期		年 月 日

抱怨内容说明：

回复内容说明：

回复判定：
判定人：
　　　　　　　　　　　　　　　　　　　　　　　　年 月 日

四、来料后段重大品质问题处理

来料后段重大品质问题，是指供应商交货后所发生的重大品质问题，如造成本企业作业员的受伤甚至人身安全危险、本企业大量产品的报废、本企业产品出到客户或消费者手中发生大的客诉、抱怨、索赔等事件。

来料后段重大品质问题的发生，对企业的危害是非常大的，甚至可能导致企业倒闭，因此在处理时必须严谨而慎重。此类事件的处理流程，如图3-2所示。

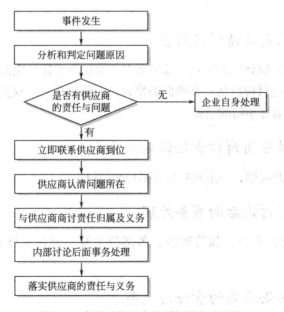

图3-2　来料后段重大品质问题处理流程

（一）区分事件发生在企业内还是企业外

在实际工作中，发生的事件是多种多样的，可能是生产过程中发生了较大的问题，也可能发生在客户处，还可能发生在消费者处，因此可以将事件分为企业内和企业外。

在企业内发生的事件，相对而言较好处理，因为事件一发生，现场人员立即上报主管，随后主管人员到场，在保护人员的基础上保持现场的状态不被破坏，并请相关专业人员来做初步鉴定。

在企业外发生的事件，企业最先让具备一定技术和经验的人员进行电话沟通，初步判定其问题所在，并用积极的态度对待。

（二）分析和判定问题原因

在判定原因时，一定要严谨而慎重，并且要对其客观地分析。首先要根据产品的追溯性找出问题的根源，再明确相关人员的责任，如有供应商方面的原因则必须尽快联系供应商，如无供应商原因，则企业内部人员应采取一定的处罚措施对相关人员予以警告。

（三）联系供应商到位

联系供应商一般先是通过采购人员联系，也可由高层主管人员与其高层主管人员联系，并且根据问题的大小及性质，可指定供应商的处理级别以示严肃。

（四）供应商认清问题所在

需要供应商认识到问题所在，除了要在技术层面上让供应商认同之外，还要在物料的追踪上让供应商认可是他们的物料，否则容易引发权责问题，而且最好还能与供应商沟通好预防的措施。

（五）与供应商商讨责任归属及义务

这是最严肃的问题，一定要有理有据地来商讨。

（六）内部讨论后面事务处理

企业内部相关人员，如管理层、各部门主管一起讨论该事件的后续处理事务。

（七）落实供应商的责任与义务

如发生了重大问题，则不需要向供应商发出品质抱怨单，而应立即暂停所有下发给该供应商的新订单,并将供应商等级直接降低,甚至是取消其供应资格。

五、定期对供应商考核

供应商考核是指持续不断地对现有供应商保持监督控制,看其是否能够实现预期绩效,和对新供应商进行甄别,看其潜力是否能达到公司未来发展所需水平的过程。

现有供应商是指已经通过了供应商甄别分析程序,并接受过至少一次订货的供应商。

(一)考核目的

(1)掌握供应商的经营概况,确保其供应的产品质量符合企业的需要。
(2)了解供应商的能力和潜力,提供给外包管理部门选择的依据。
(3)协助供应商改善质量,提高交货能力。

(二)考核范围

(1)企业对现有的供应商实施考核及等级评定,并依等级的升降作为外包订制及付款的依据。
(2)依供应商的要求,对提出申请的供应商重新进行等级鉴定。
(3)对试用供应商实施考核。当试用期结束并且其考核评分达到相应标准时,则其可以正式成为企业的供应商,并划分其等级。
(4)当供应商交货验收不良率过高或对企业生产装配造成重大问题时,其经通知也未能有效改进,则予以重新考核评定等级。

(三)考核评分体系的建立

供应商的评分体系是指对供应商各种要求所达到的状况进行计量评估的评分体系,同时也是为了综合考核供应商的品质与能力的体系。

不同企业、不同行业的供应商的评分体系不尽相同,但通常都有交货质量评分、配合状况评分、供应商管理体系评分等3个主项,再加一个可能的其他项目评分从而组成供应商评分总体架构。

1.不同项目评分时间和分数不同

在企业的实际运作过程中,设置不同的项目,则其评分时间和次数都不同,具体见表3-5。

表3-5 不同项目评分时间和次数

序号	项目	评分时间和次数
1	交货品质	交货品质是根据具体的交货状况每批评一次和每月或每季评一次
2	配合状况	一般是每季评一次,如遇配合过程中有很多状况时,如一些有"直接关系"OEM供应商,还可以考虑每个月或每两个月评一次
3	管理体系	一般是根据目前ISO 9000的标准要求,在初次成为合格供应商之前评一次,以后每半年或每一年评一次,再就是在出现较大问题时评一次
4	其他项	视具体内容而定,如把价格因素纳入评分中,且价格是三个月重审一次时,就需要三个月评一次

2. 权重设定

为了管理和运算的方便,在总体评分架构上,一般都采用设定总分为100,各主项的权重(或称为比重)用百分比来设定,至于如何配分,各公司可视具体情况自行决定。

(1)价格。根据市场同类材料最低价、最高价、平均价、自行估价,然后计算出一个较为标准、合理的价格。

(2)品质。品质包括批退率和平均合格率及总合格率3种计算方法。

批退率计算公式如下。

$$批退率 = \frac{判退次数}{交货次数} \times 100\%$$

根据某固定时间内(如一个月、一季度、半年、一年)的批退率来判定品质的好坏。

如:上半年某供应商交货50批次,判退3批次,其批退率=3÷50×100%=6%。批退率越高,表明其品质越差,得分越低。

平均合格率计算公式如下。

$$平均合格率 = \frac{各次合格率之和}{交货次数} \times 100\%$$

根据每次交货的合格率，再计算出某固定时间内合格率的平均值来判定品质的好坏。

如：1月某供应商交货3次，其合格率分别为90%、85%、95%，则其平均合格率=（90%+85%+95%）÷3=90%。因此合格率越高，表明品质越好，得分越高。

总合格率计算公式如下。

$$总合格率 = \frac{总合格数}{交货次数} \times 100\%$$

根据某固定时间内总的合格率来判定品质的好坏。

如：某供应商第一季度分5批，共交货10000个，总合格数为9850个，则其合格率=9850÷10000×100%=98.5%。因此合格率越高，表明品质越好，得分越高。

（3）交期交量。交期交量分为交货率与逾期率2种计算方法。

交货率计算公式如下。

$$交货率 = \frac{送货数量}{订货数量} \times 100\%$$

交货率越高，得分就越多。

逾期率计算公式如下。

$$逾期率 = \frac{逾期批数}{交货批数} \times 100\%$$

逾期率越高，得分越少；逾期越长，扣分越多；逾期造成停工待料，则要加重扣分。

（4）配合度（服务）。在配合度上，应配备适当的分数，服务越好，得分越多。

将以上各项分数相加得出总分，为最后考核评比分数，以此来考评供应商的绩效。

（四）实施绩效考核

按企业制度规定的日期对供应商实施绩效考核，在实施过程中最好制定一些标准的表格，见以下范本。

【范本11】供应商评鉴表

供应商评鉴表

供应商名称				供应商编号			
地　　址				采购材料			
评鉴项目	品质评鉴	交期评鉴	价格评鉴	服务评鉴		其他	合计得分
时间 月							
月							
月							
月							
得分总和		平均得分			评鉴等级		
处理意见：							

采购主管：　　　　采购员：　　　　品质主管：　　　　品管员：

【范本12】供应商绩效考核分数表

供应商绩效考核分数表

采购材料：

评比项目	满分	评估分			
		供应商A	供应商B	供应商C	供应商D
价格	15				
品质	60				
交货期交量	10				
配合度	10				
其他	5				
总分					

（五）根据评选结果实施奖惩

根据考核的结果，给予供应商升级或降级的处分，并根据采购策略的考虑，对合格、优良的供应商给予优先议价、优先承揽的奖励，对不符合标准的供应商予以拒绝往来的处分。

供应商年度综合评价汇总表见表3-6。

 实例

××××年供应商年度业绩评定表

供方名称	×××有限公司	地　址	
电话传真		联系人	

供应产品及类别（A、B、C）：热轧板

进货物资质量控制方式：
本公司到供方现场验证（　）；顾客到本公司现场验证（　）；
进货检验（　√　）；　　　顾客到供方现场验证（　）；

质量得分（占60%）：（合格批次÷到货总批次）×60＝（2÷2）×60
　质量得分：60

按期交货得分（占20%）：（按时到货批次÷到货总批次）×20＝（2÷2）×20
　交货期得分：20

其他情况（占20%）：（如包装质量、售后服务等）
　其他得分：18

总分及处理建议：总分为98，建议保持合格供方。

采购部经理签名：×××　　　　日期：××××年××月××日

管理者代表意见：
　　　　　　　　　同意为合格供方。
管理者代表签名：×××　　　　日期：××××年××月××日

表3-6　供应商年度综合评价汇总表

供应商代码	供应商名称	供货业绩						其他业绩			评分结果	
		供货批	合格批	合格率	评分	交货准时率	评分	服务态度	价格合理	供货经验	综合评分	标记

奖惩方式通常应在供应商考核管理制度中规定下来，若以供应商分A、B、C、D、E等来论，则对其按等次来进行奖励和惩处。

1. 奖励方式

奖励方式通常有以下6种。

（1）A等供应商，可优先取得交易机会。

（2）A等供应商，可优先支付货款或缩短票期。

（3）A等供应商，可获得品质免检或放宽检验。

（4）对价格合理化及提案改善、品质管理及生技改善推行成果显著者，另行奖励。

（5）A、B、C等供应商，可参加公司举办的各项训练与研习活动。

（6）A等供应商，年终可获公司"优秀供应商"奖励。

2. 惩处方式

惩处也有以下6种不同的方式。

（1）凡因供应商品质不良或交货期延误而造成的损失，由供应商负责赔偿。

（2）C等、D等供应商，应接受订单减量、各项稽查及改善辅导措施。

（3）E等供应商即予停止交易。

（4）D等供应商三个月内未能达到C等以上供应商的标准，视同E等供应商，予以停止交易。

（5）因上述原因停止交易的供应商，如欲恢复交易，需接受重新调查评核，并采用逐步加量的方式交易。

（6）信誉不佳的供应商酌情作延期付款的惩处。

六、防止供应商垄断

在与供应商合作的过程中，如何防止供应商垄断也是供应商关系管理的一个重要方面。那么作为采购人员，该通过哪些途径防止供应商的垄断，以便企业的采购作业顺利进行，请参照以下7点。

（一）多找一家供应商

独家供应有两种情况，一种是Single Source，即供应商不止一家，但仅向其中一家采购；另一种是Sole Source，即仅此一家别无分号。通常Single Source多半是买方造成的，比如企业将原来许多家供应商削减到只剩下最佳的一家；Sole Source则是卖方造成的，比如独占性产品的供应者或独家代理商等。

在Single Source的情况下，只要"化整为零"，变成多家供应（Multiple Sources），造成卖方的竞争，那么供应商就自然不会任意抬高价格。

在Sole Source时，由于市场信息缺乏，讨价还价的结果是买方依然吃亏，此时若能与供应商建立良好的人际关系，签订长期合约，也可以避免买方在缺货时必须支付很高的现货价。

（二）更好地掌握信息

要清楚了解供应商对采购方的依赖程度。如有家公司所需的元器件只有一家货源，但它发现自己在供应商仅有的三家客户中是采购量最大的一家，因而供应商离不开这家公司，结果在其要求降价时供应商作出了相当大的让步。

（三）注意经营总成本

供应商知道采购方没有其他货源，可能会咬定一个价，但采购方可以说服供应商在其他非价格条件上作出让步，因此采购方应注意交易中的每个环节，并全都加以利用，因为总成本中的每个因素都可能使采购方节约成本费用。

（四）让最终客户参与

如果采购方能与最终客户合作并给予他们信息，也可摆脱供应商的垄断。比如，工程师往往只认准一个商标，因为他们不了解其他选择，如果向他们解释只有一家货源的难处，他们往往就可以让采购方采购截然不同的元件。

（五）协商长期合同

长期需要某种产品时，可以考虑制定长期合同，但一定要保证持续供应和价格的控制，并要采取措施预先确定产品的最大需求量以及需求增加的时机。

（六）一次采购

当采购方预计所采购产品的价格可能要上涨时，这种做法才可行。采购方可根据相关的支出和库存成本，来权衡一下将来价格上涨的幅度，并与营销部门紧密合作，从而获得准确的需求数量，进行一次性采购。

（七）与其他用户联系

与其他具有同样产品需求的公司联合采购，由一方代表所有用户采购会惠及各方。

第四章
询价、比价、议价

学习目标

1. 对采购价格有一定的认识。
2. 知道如何去收集价格信息,了解所购物品的市场价格信息。
3. 能运用正确的方法来制定采购底价。
4. 能够用正确的方法来确定采购价格,并运用一些技巧对供应商进行压价,以获得合理的价格。

第一节 采购价格种类

采购价格的高低直接关系到企业最终产品或服务价格的高低,因此,在确保满足其他条件的情况下,力争最低的采购价格是采购人员最重要的工作。采购人员要想拿到最低的采购价格,首先必须弄清采购价格包括哪些类别。

一、到厂价与出厂价

(一)到厂价

到厂价是指供应商的报价,负责将物品送达采购方的工厂或指定地点,其中所发生的各项费用全部由供应商承担。以国际贸易而言,即到岸价(FOB)加上运费(包括在出口供应商所在地至港口的运费)和货物抵达采购方之前的一切运输保险费,其他还有进口税、银行费用、利息及报关费等。这种到厂价通常由国内的代理商以人民币报价方式(形成国内采购),向外国原厂进口货品后,再售与采购方,一切进口手续都由代理商办理。

(二)出厂价

出厂价是指供应商的报价不包括运送责任,即由采购方雇用运输工具,前往供应商的制造厂提货。该情形通常出现在采购方拥有运输工具或供应商加计的运费偏高时,或当处于卖方市场时,供应商不再提供免费的运送服务。

二、现金价与期票价

(一)现金价

现金价是以现金或相等的方式(如电汇T/T或即期信用证SightL/C)支付货款,但是"一手交钱,一手交货"的方式并不多见。现金价可使供应商免除交易风险,采购方享受现金折扣。比如交易条件为10/2,即表示10天内付款可享受2%的折扣。

(二)期票价

期票价即采购方以期票或延期付款的方式来采购物品。通常供应商会加计延迟付款期间的利息于售价中。如果供应商希望取得现金周转，会将加计的利息超过银行现行的利率，以迫使采购方舍期票价而取现金价。

三、净价与毛价

（一）净价

净价是指采购方不再支付任何货款以外的交易费用。比如在采购方的信用证条款中，通常会载明"All banking charges outside China are for seller's account"，另外供应商有时也以货价为其净收入，不支付额外费用，因此在其报价单上会载明"The above offered price is FOB net without any commission or rebate"。

（二）毛价

毛价指供应商的报价，可以因某些因素加以折扣。如采购空调设备时，供应商的报价已包含货物税，采购方若能提供工业用途的证明，即可减免货物税。

四、现货价与合约价

（一）现货价

现货价是指每次交易时，由供需双方重新议定价格，若有签订买卖合约，也以完成交易后即告终止。在众多的采购项目中，采用现货交易的方式最频繁，买卖双方按交易当时的行情进行，不必承担预立契约后价格可能发生巨幅波动的风险或困扰。

（二）合约价

合约价是指买卖双方按照事先议定的价格进行交易，此合约价格涵盖的期间依合约而定，短则几个月，长则一两年。由于价格议定在先，经常造成与时价或现货价的差异，使买卖时发生利害冲突，因此合约价必须有客观的计算公式或定期修订，才能维持公平、长久的买卖关系。

五、定价与实价

（一）定价

定价是指物品标示的价格。如某些商场的习惯是不二价，自然牌价（定价）就是实际出售的价格，但有些商场仍然流行"讨价还价"的习惯。当然，使用牌价在某些行业却有正常的理由,如钢管、水泥、铝皮等价格容易波动的物品,供应商经常提供一份牌价表给买方,表中价格均偏高且维持不变,当采购方要货时,供应商则以调整折扣率来反应时价,无需提供新的报价单给采购方,所以牌价只是名目价格,而非真实价格。

(二)实价

实价是指采购方实际上所支付的代价,特别是供应商为了达到促销的目的,经常会提供各种优惠的条件给采购方,如数量折扣、免息延期付款、免费运送与安装等,这些优惠都会使采购方真实的总成本降低。

第二节 采购价格调查

一、调查的主要范围

在大型企业里,原材料种类不下万种,但限于人手,要做好采购价格调查并不容易。因此,企业要了解帕累托定律里所说的"重要少数",即通常数量上仅占10%的原材料,而其价值却占全体总值的70%~80%,假如企业能掌握住80%左右价值的"重要少数",那么就可以达到控制采购成本的真正目的,这就是重点管理法。根据一些企业的实际操作经验,可以把下列6个项目列为主要的采购调查范围。

(1)选定主要原材料20~30种,其价值占全部总值百分比的70%~80%以上。

(2)常用材料、器材属于大量采购项目的。

(3)性能比较特殊的材料、器材(包括主要零配件),一旦供应脱节,可能导致生产中断的。

(4)突发事件紧急采购。

(5)波动性物资、器材采购。

(6)计划外资本支出、设备器材的采购数量巨大,影响经济效益深远的。

二、信息收集方式

信息的收集可分为以下3类。

(一)上游法

上游法即了解拟采购的产品是由哪些零部件或材料组成的,换句话说,就是查询制造成本及产量资料。

(二)下游法

下游法即了解采购的产品用在哪些地方,换句话说,就是查询需求量及售价资料。

(三)水平法

水平法即了解采购的产品有哪些类似产品,换句话说,就是查询替代品或新供应商的资料。

三、信息收集渠道

信息的收集,常用的渠道有以下5种。
(1)杂志、报纸等媒体。
(2)信息网络或产业调查服务业。
(3)供应商、顾客及同业。
(4)参观展览会或参加研讨会。
(5)加入协会或公会。

四、处理调查资料

企业可将采购市场调查所得资料,加以整理、分析与检讨,在此基础上提出报告及建议,即根据调查结果,编制材料调查报告及商业环境分析,对本企业提出有关改进建议(如提供采购方针的参考,以求降低成本、增加利润),并根据科学调查结果,研究更好的采购方法。

第三节　采购底价制定

一、采购底价制定的好处

所谓底价,是采购物品时打算支付的最高价格。

制定底价以作为决定采购价格的依据，可以获得以下效益。

（一）控制预算

采购项目所制定的底价，虽须依据行情资料，但不能超过预算。由于采购项目通常在底价以下决定，预算自能得到控制。

（二）防止围标

如果采购项目不制定底价，只以报价最低者即委以交货或承包工程，报高价的结果，其损失将无法计算，而报低价的结果，将使物料或工程品质降低，延期交货也难以避免。

（三）提高采购作业效率

有了底价，采购人员在询价时即有所依据。只要是在底价以下的最低报价，即为得标供应商，采购人员即可依照有关手续签约订购；若无底价作为规范，则采购人员必须不断议价，因此也就影响了订约交货的时效。

二、采购底价的制定方式

底价的制定，不能单凭主观印象和以往的底价或中标记录，否则，既不客观也不合理。制定底价可采用以下两种方式。

（一）收集价格资料自行制定

资料来源如下。
（1）报载行情。
（2）市场调查资料。
（3）各著名工厂厂价。
（4）同业公会牌价。
（5）过去采购记录。
（6）临时向有关供应商询价。
（7）向其他机构调查采购价格。

（二）请专业人员估计

有些专业化、技术性程度很高的物品、机器或规模浩繁的工程，其底价的制定并非仅根据前述的价格资料即可，还必须请专业人员从事底价估算工作。

三、采购底价计算方式

（一）科学的计算方式

对于构成价格的各种因素进行科学的分析，必要时并采取改进措施。这种方法，以合理的材料成本、人工成本及作业方法为其基础，计算出采购价格。

采购价格的公式为：

$$P=C+F \quad (4-1)$$

$$C=M\times a+t(b+c)(1+d) \quad (4-2)$$

$$F=C\times r \quad (4-3)$$

式中　P——采购价格；
　　　C——总成本；
　　　F——采购对象的预期利润；
　　　M——材料的需要量（表示标准材料的尺寸、形状、标准规格）；
　　　a——材料的单价；
　　　t——标准时间（主要作业时间+准备时间）；
　　　b——单位时间的工资率；
　　　c——单位时间的费用率；
　　　d——修正系数（如为了特急品而加班、连夜赶工及试作等）；
　　　r——预期利润率。

现以某产品为例，说明其计算方法。

实例

M：钢板=0.2千克　　a：1千克=100元　　t：0.03小时
b：单位时间的工资率=800元
c：单位时间的费用率=600元　　d：修正系数=6%
r：预期利润率=8%

用式（4-2）计算：$C=0.2\times 100+0.03\times(800+600)\times 106\%=20+44.52=64.52$（元）。

用式（4-3）计算：$F=C\times r=64.52\times 8\%=5.16$（元）。

用式（4-1）计算：$P=C+F=64.52+5.16=69.68$（元）。

据此计算，可知该产品的底价为69.68元。

依此科学的方法计算，其依据十分明显，因此，与供应商交涉时具有充分的说服力。但是，若供应商无法接受时，则应根据各项目的资料，逐一检讨双方的差距，并互相修正错误，以达成协议。

这种方法需要设定各项作业的标准时间，同时也需算出工资率及费用率，因此，应收集有关标准时间的数值资料以及有关工资率及费用率调查资料，按各业别、规模予以分类并加以统计。此外，对于修正系数及预期利润也应预先决定。

（二）成本加利润的计算方式

计算公式：

$$采购价格=成本+合理利润$$

（1）关于成本。关于成本的各项计算方法如下。

① 成本＝本地制造器材成本＋进口器材成本＋工程设计成本＋安装成本＋其他成本

② 本地制造器材成本＝直接原料成本＋直接人工成本＋间接制造成本＋管理成本

③ 进口器材成本＝进口器材在国外港口船上交货价格×汇率＋保险费及运杂费＋关税

④ 工程设计成本＝设计人工成本＋设计材料成本＋间接费用

⑤ 安装成本＝安装人工成本＋安装材料成本＋工具损耗成本＋间接费用

⑥ 其他成本＝财务成本＋其他不属于以上的各项成本

（2）关于合理利润。合理利润＝本地制造器材成本×合理利润率＋进口器材成本×合理利润率＋工程设计成本×合理利润率＋安装成本×合理利润率＋其他成本×合理利润率。

各项合理利润率需视其资金来源的不同而各异，由成本分析人员参考国内外相关行业的投资报酬率、风险率、市场利率以及财政部核定的相关行业利润率，并考虑预付款及成本内已包括财务成本等因素分别审慎研订。

（三）经验的计算方式

有经验的采购人员，可凭自己的判断来算出合理的价格。所谓经验的计算方式，就是一种直觉的计算方法。

（四）比较前例的计算方式

利用曾被认为适当的同类产品的价格，加以比较检查并进行必要的修正，以决定价格的方式。此种方式，可依据过去累积的数值资料，使价格更加精确，但也可能深受以前价格的影响。

（五）估计的计算方式

依据图纸、设计书等，估计者可凭经验及现有信息，估计材料费及加工时间，并乘上单位时间的工资率后，再加上费用率，即可决定价格。

此种方式，完全依赖估计者的技巧，且在进行评价时，应不断地修正其差距，以获得适当的价格。

第四节　采购价格确定

一、影响价格的因素

采购价格的高低受各种因素的影响。对于国内采购而言，尽管地区、商业环境、时间与人力关系等方面有所不同，但其价格变动还是比较容易预测与控制，但对国外采购而言，来自世界各地市场的供应关系以及其他许多因素，包括规格、服务（如机器设备的长期服务）、运输及保险、交货期限等，都对价格有相当大的影响，因而对影响采购价格的因素应有切实的了解。

（一）供应商成本的高低

供应商成本的高低是影响价格最根本、最直接的因素。供应商进行生产，其目的是获得一定利润，否则生产无法继续，因此，采购价格一般在供应商成本之上，两者的差即为供应商的利润，供应商的成本是采购价格的底线。

（二）规格与质量

采购物品的规格要求越复杂，采购价格就越高。价格的高低与采购物品的质量也有很大的关系，若采购品的质量一般或质量低下，供应商往往还会主动降价，以求赶快脱手，有时甚至会贿赂采购人员，因而应首先确保采购物品能满足本企业的需要，质量能满足产品的设计要求，千万不要只追求价格最低，而忽略了质量。

（三）采购数量

若采购数量大，就可能享受供应商的数量折扣，从而降低采购的价格，因此，大批量、集中采购是降低采购价格的有效途径。

(四)交货条件

交货条件主要包括运输方式、交货期的缓急等。若货物由采购方来承运,则供应商就会降低价格,反之就会提高价格。有时为了争取提前获得所需货物,采购方会适当提高价格。

(五)付款条件

在付款条件上,供应商一般都规定有现金折扣、期限折扣,以刺激采购方能提前用现金付款。

(六)生产季节与采购时机

当企业处于生产的旺季时,对原材料需求紧急,因此不得不承受更高的价格。避免这种情况的最好办法是提前做好生产计划,并根据生产计划制定出相应的采购计划,为生产旺季的到来提前做好准备。

(七)采购物品的供需关系

当企业需采购的物品为紧俏品时,则供应商处于主动地位,它会趁机抬高价格;当企业所采购的物品供过于求时,则采购企业处于主动地位,可以获得最优的价格。

二、采购价格确定方式

采购价格确定的方式有:报价、招标、谈判。

(一)报价

报价即采购企业发出询价或征购函,请供应商正式报价的一种采购方法。通常供应商寄发报价单,内容包括交易条件及报价有效期等,必要时另寄"样品"及"说明书"。

报价经采购方完全同意接受,买卖契约才算成立。

(二)招标

招标的方式是采购企业确定价格的重要方式,其优点在于公平合理,因此大批量的采购一般采用招标的方式。

采用招标的方式需受以下2个条件的限制。

(1)所采购的商品的规格要求必须能表述清楚、明确、易于理解。

(2)必须有两家以上的供应商参加投标,这是采用招标方式的基本条件。

（三）谈判

谈判是确定价格的常用方式，也是最复杂、成本最高的方式。谈判方式适合各种类型的采购。

三、进行询价

（一）询价的方式

询价通常可分为下列2种方式。

1. 口头询价

由采购人员以电话或当面向供应商说明采购项目的品名、规格、单位、数量、交货期限、交货地点、付款及报价期限等资料。

口头询价的方式相当便捷，可以免除以书面方式询价所需耗费的邮寄时间，不过，询价的物品应以双方经常交易，且规格简单、标准化者为宜。

2. 书面询价

鉴于口头询价可能发生语言沟通上的错误，且口说无凭，若将来发生报价或交货规格上的差异，不但浪费时间，也容易引起交易纠纷，因此，对于规格复杂且不属于标准化的产品，应采用书面询价为宜。

在询价的过程中，为使供应商不致发生报价上的错误，通常采购人员应附上辅助性的文件，如工程发包的规范书、物料分期运送的数量明细表，有时候采购方对于形状特殊且无标准规格的零件或物品，也会提供样品给供应商参考。

（二）询价要求

1. 弄清品名与料号

产品的品名以及料号是在询价单上所应必备的最基本资料。供应商必须知道如何来称呼所报价的产品，这即是所谓的品名以及其所代表的料号，也是买卖双方在日后进行后续追踪时的一个快速查询以及检索的依据。

料号对每一个客户都有其独特的代表性，因此，在使用上要特别注意其正确性。料号中一个位数的不同可能就是版本的不同，甚至可能变成另一个产品的料号。

品名的书写应尽量能从其字面上看出产品的特性与种类为佳。

2. 询价项目的数量

通常供应商在报价时都需要知道买方的需求量，这是因为采购量的多寡会影响到价格的计算。

数量信息的提供通常包括年需求量、季需求量甚至月需求量；不同等级的需求数量；每一次下单的大约订购数量，或产品生命周期的总需求量。

除了让供应商了解需求量及采购的形态外，也可同时让供应商分析其自身生产能力是否能满足买方的需求。

3. 产品规格书

规格书是一个描述采购产品品质的工具，应包括最新版本的工程图纸、测试规格、材料规格、样品、色板等有助于供应商报价的一切信息。

4. 对产品品质的需求

采购人员应该依照产品或服务的不同特性，综合使用数种方式来进行。

（1）品牌。

（2）同级品。

（3）商业标准。

（4）材料与制造方法规格。

（5）性能或功能规格。

（6）工程图纸。

（7）市场等级。

（8）样品。

（9）工作说明书。

5. 说明报价基础要求

报价基础通常包括报价的币值与贸易条件。国内采购比较简单，通常都以人民币交易，贸易条件不是以出厂价就是以到厂价（运费是否内含则另议）来计算。国际贸易就比较复杂，报价币值方面供应商多半以美元为计价基础，至于是否以采购当地币值计价，则视汇率的稳定与否有弹性的做法。

6. 提出和了解付款条件

有关付款条件，虽然买卖双方都有各自的公司政策，买方希望付款时间越晚越好，相反卖方当然是认为越早越好。买方有义务让卖方了解其公司内部的标准付款条件，卖方也可在报价时提出其不同的要求，最后的付款条件则需买卖双方经协议后确定。

在情况处于买方市场时，在竞争性市场中供给超过需求，货品和（或）劳务就很容易被取得，商业的经济力量倾向于导致价格接近于采购的预估价值，买方通常能以较优的付款条件来要求卖方配合，如记账方式。但处于卖方市场，因为需求超过供给甚多，情况则恰好相反，卖方一般会选择较短的付款期来要求买方，如选择货到付现或预付货款。

另外，对于付款条件尚需要明确注明其时间计算的付款起算日。

7. 明确交货期要求

交货期的要求包括买方对采购产品需要的时间、卖方需要多少时间来准备样品、第一批小量生产及正常时间下单生产所需要的时间。供应商虽然可依买方的要求来配合，不过交货期的长短关系着采购产品的价格，买方应视实际需要来提出要求，而非一味地追求及时供货。

8. 提出产品包装要求

包装方式在供应商估算价格时占有很大的一个比重，除了形状特殊或体积庞大的客户定制品外，供应商对于包装都有其使用的标准纸盒、纸箱以及栈板等包装材料。如果没有另外提出特殊的包装要求，供应商都会以其标准的包装方式来进行估价，有时也不会在报价单上详细注明其标准的包装方式，如果采购员此时不提出包装要求，日后再追加，不仅时间被拖延，对于比价的作业也会造成不利的影响。

9. 明确运送地点与交货方式

运送地点的国家、城市、地址及联络电话与传真都必须要清楚地告诉供应商。国内采购的运输方式常以铁路、公路为主，国际采购中的运送地点与交货方式则决定了价格的计算，如果要求卖方以CIF报价，无论海运或空运，运输费与保险费当然由卖方来负担。随运送距离的远近会有不同的计费方式，除非买方指定空运，供应商通常以海运为基础报价，因为海运是最经济的运输方式。

10. 提出售后服务要求

在采购一些机器设备如冲床、半导体封装设备等时，供应商一般都会提供基本的售后服务与保证期限，如果此时有特殊的要求，如要求延长保证期限或改变售后服务的内容等应明确提出，因其牵涉采购总持有成本。

11. 供应商的报价到期日

为了方便采购比价作业，报价的到期日应该让供应商有所了解，对于较复杂的产品，应该给予供应商足够的时间进行估价。

12. 签署保密协定

在一些新产品开发的询价上，由于牵涉业务机密的缘故，在对外询价时为了不让竞争对手知道而错失商机，会进一步让供应商签署一份保密协定的文件，要求供应商在规定的年限内不能将新产品计划的名称、采购数量预测、询价的技术要求、规格、图纸等信息向外界透露。

13. 告之供应商有关人员姓名及电话

将采购人员与技术人员的姓名及联络电话告诉供应商，以便采购复杂且具技术性的项目时，供其咨询，以澄清规格要求上的问题。

（三）询价表

可以根据所要采购的物品事先拟定询价表，要求供应商完全按照你的要求来填写。

1. 物料采购询价单

物料采购询价单，见表4-1。

表 4-1 采购询价单

询价日期：

序号	物料（或项目）编码	物料（或项目）名称	规格、型号（或图号、参数）	品牌（或材质）	单位	未税单价/元	备注

（1）开增值税（17%）发票单价：
（2）付款方式：
（3）交货方式：
（4）交货周期：
（5）其他事项：

询价：	供应商名称			
	公司地址			
审核：	公司电话		公司传真	
	联系人		回签及公章	
批准：	联系电话			

2.加工询价单

加工询价单，见表 4-2。

表 4-2 加工询价单

询价日期：

序号	物料（或项目）编码	物料（或项目）名称	规格、型号（或图号、参数）	材质	单位	未税单价/元		用量	备注
						来料加工	包工包料		

（1）开增值税（17%）发票单价：
（2）付款方式：
（3）交货方式：
（4）交货周期：
（5）其他事项：

续表

询价：	供应商名称			
	公司地址			
审核：	公司电话		公司传真	
批准：	联系人		回签及公章	
	联系电话			

3. 开模询价单

开模询价单，见表4-3。

表4-3　开模询价单

询价日期：

序号	物料编码	产品（或零件）名称	产品（或零件）图号	模具类别	模具材质	模具孔数	单位	开模数量	未税金额/元	模具有效寿命	备注

（1）开增值税（17%）发票单价：
（2）付款方式：
（3）交模方式：
（4）交模周期：
（5）模具保修期：
（6）其他事项：

询价：	供应商名称			
	公司地址			
审核：	公司电话		公司传真	
批准：	联系人		回签及公章	
	联系电话			

四、处理供应商的报价

(一) 供应商报价的方式

一般而言,供应商在接获采购方的询价后,会在采购方约定的期限内提出报价。

1. 以报价的方式来分

若以报价的方式而言,可分为以下2种。

(1) 口头报价。即由供应商以电话或当面向采购人员说明报价内容,报价的物品则以买卖双方经常交易、规格简单且不易产生错误者为宜。此种报价方式基于双方的互信,"言出必行",可以节省书面报价所必需的书写或邮寄时间。

(2) 书面报价。供应商以自备的报价单或采购方的投标单或报价单,将价格、交货日期、付款方式、交货地点等必要资料填入后,寄给采购方,但金额较大时,有些公司规定报价单必须以密封方式寄给稽核或财务部门,以便将来公开拆封比价。

2. 以报价的内容来分

以供应商报价的内容而言,可分为以下2种。

(1) 确定报价。即在报价有效期限内,一经采购方承诺,交易行为即告确立,因此发出确定报价的各项条件,即成为日后买卖契约的主要内容。

(2) 附有条件报价。这种报价通常是指供应商的价格可随时变更,无需通知采购方,或所报出的价格,须经过供应商确认后才能生效;或当供应商以一批货物同时向两个以上客户报价,如其中一人接受,对其他买主的原报价或任何其他附带条件的报价即失去效力。

(二) 报价的处理

1. 还价

还价,就是指采购方对外查询货价,获得供应商的回复后再报价,研究各种交易条件是否适合,如果报价太高,则要求对方减价,这就叫做"还价"。同时,若对交易条件,如货色、装船日期、付款方法等有所不同,也可提出洽谈,上述做法即还报价,在法律意义上,成为一种新的要约,而原报价即自动取消。

2. 审查报价单

采购部门接到供应商报价单,是否适质、适量、及时和适价,应于报价有效期内妥善审查决定。现将国外企业对采购报价单的一般审查点列述如下(见表4-4)。

表4-4 采购报价单的一般审查点

序号	审核方面	审核项目
1	是否确认报价	是否为有效期报价；有效期到何时为止；物资品牌、名称是否确定；是否是国际间所通用的；是否有一定数量；是否为确定价格；有无浮动价格
2	质量	质量是否恰当；所报物料规格是否明晰、周详
3	数量	数量是否恰当；所声明的物资数量及单位是否开列清楚；单位是否为国际通用单位；若附有数量增减条款，那么它是否合理
4	交货期	交货期是否及时；如果是从国外采购，那么所制定的立即装船、即期装船及限期装船的条款是否合理
5	价格	价格是否恰当；所报单价及总价有无错误
6	投保条件	应注意投保条件，如果是平安险、破损险、水渍险，是否符合采购方要求或保障多方利益
7	包装	包装条款是否符合采购方要求
8	交货责任	交货责任条款是否合理
9	付款	付款条款是否合理
10	其他	有无其他特别条款

3.分析报价单

一般来说，在采购部门接到各供应商的报价单后，应立即分析各供应商价格的高低、交货期的长短、付款条件的宽紧、交货地点是否适中等，以便选择恰当的供应商。一般来说，大企业为了便于分析，大都设计标准化的表格，以利于比较，并可简化工作，见表4-5。

表4-5 询价、比价及议价分析表

请购单号：　　　　　　　　日期：年　月　日
物料名称：　　　　　　　　采购数量：

供应商名称	品牌	原采购单价	议价单价	议价后总价	付款方式	交货日期	交运方式	其他	备注

第五节 采购压价技巧

压价是采购人员与供应商业务人员讨价还价的过程。对于采购人员来说,是想办法压价的过程;对于业务员来说,是固守报价的过程。采购员在压价时应掌握以下技巧,如图4-1所示。

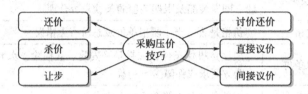

图4-1 采购员在压价时应掌握的技巧

一、还价技巧

采购员谈判中还价技巧如图4-2所示。

图4-2 采购员谈判中的还价技巧

(一)要有弹性

在价格谈判中,还价要讲究弹性。对于采购人员来说,切忌漫天还价、乱还价格,也不要一开始就还出了最低价。前者让人觉得是在"光天化日下抢劫",而后者却因失去弹性而处于被动,让人觉得有欠精明,从而使价格谈判毫无进行的余地。

(二)化零为整

采购人员在还价时可以将价格集中起来,化零为整,这样可以在供应商心理上造成相对的价格昂贵感,会比用小数目进行报价获得更好的交易。

这种报价方式的主要内容是换算成大单位的价格,加大计量单位。如将"千克"改为"吨"、"两"改为"千克";"月"改为"年";"日"改为"月";"小时"改为"天";"秒"改为"小时"等。

（三）过关斩将

所谓"过关斩将",即采购人员应善用上级主管的议价能力。通常供应商不会自动降价,采购人员必须据理力争,但是供应商的降价意愿与幅度,视议价的对象而定,因此如果采购人员对议价的结果不太满意,此时应要求上级主管来和供应商议价,当买方提高议价者的层次,卖方有受到敬重的感觉,可能同意提高降价的幅度。

若采购金额巨大,采购人员甚至可进而请求更高层的主管（如采购经理,甚至副总经理或总经理）邀约卖方的业务主管（如业务经理等）面谈,或直接由买方的高层主管与对方的高层主管直接对话,此举通常效果不错,因为高层主管不但议价技巧与谈判能力高超,且社会关系及地位崇高,甚至与卖方的经营者有相互投资或事业合作的关系,因此通常只要招呼一声,就可获得令人意想不到的议价效果。

（四）压迫降价

所谓压迫降价,是买方占优势的情况下,以胁迫的方式要求供应商降低价格,并不征询供应商的意见。这通常是在卖方处于产品销路欠佳,或竞争十分激烈,以致发生亏损和利润微薄的情况下,为改善其获利能力而使出的杀手锏。

此时采购人员通常遵照公司的紧急措施,通知供应商自特定日期起降价若干,若原来供应商缺乏配合意愿,即行更换供应来源。当然,此种激烈的降价手段,会破坏供需双方的和谐关系,当市场好转时,原来委曲求全的供应商,不是"以牙还牙"抬高售价,就是另谋发展,因此供需关系难能维持良久。

（五）敲山震虎

在价格谈判中,巧妙地暗示对方存在的危机,可以迫使对方降价。

通过暗示对方不利的因素,从而使对方在价格问题上处于被动,有利于自己提出的价格获得认同,这就是这种还价法的技巧所在,但必须"点到为止",而且要给人一种"雪中送炭"的感觉,让供应商觉得并非幸灾乐祸、趁火打劫,而是真心诚意地想合作、想给予帮助——当然这是有利于双方的帮助,那么还价也就天经地义了。

二、杀价技巧

采购谈判中的杀价技巧,见表4-6。

表4-6 采购压价的杀价技巧

序号	种类	具体技巧
1	开低走高	一开始就赶尽杀绝,三百的一杀就是一百五,然后逐档添价,步步紧迫,一百六、一百七,并故作大方状:"已添了这么多的价钱,你还好意思不卖?"
2	欲擒故纵	价钱杀不下来,索性不买了,掉头就走,借此迫使对方让步,人若被叫回来,买卖就成交了
3	疲劳轰炸、死缠不放	考验耐力,不断唇枪舌剑磨价钱,今天不成,明天再来,谁能坚持最后五分钟,谁就是此舌战的胜利者
4	百般挑剔	把产品数落一番,东说这不好,西说那不好,指出一大堆毛病,借此挫低卖方士气,杀价目的或许可得逞
5	博人同情	和供应商杀价时,可以这样说:"这种商品十全十美,中意极了,可惜我们资金有限,只能出这个价"只要供应商心软,价钱就好谈了
6	施以哄功	循循善诱,希望供应商算便宜点,保证给其介绍大客户,予以利诱,使其立场软化、降低价格

三、让步技巧

采购人员应知的让步的技巧具体如下。

- 谨慎让步,要让对方意识到你的每一次让步都是艰难的,使对方充满期待,并且每次让步的幅度不能过大。
- 尽量迫使对方在关键问题上先行让步,而己方则在对手的强烈要求下,在次要方面或者较小的问题上让步。
- 不做无谓的让步,每次让步都需要对方用一定的条件交换。
- 了解对手的真实状况,在对方急需的条件上坚守阵地。
- 事前做好让步的计划,所有的让步应该是有序的,并将具有实际价值和没有实际价值的条件区别开来,在不同的阶段和条件下使用。

四、讨价还价技巧

采购人员需知的讨价还价技巧如图4-3所示。

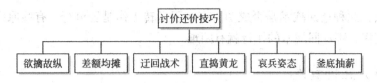

图4-3 采购人员需知的讨价还价技巧

（一）欲擒故纵

由于买卖双方势力均衡，任何一方无法以力取胜，因此必须斗智。采购人员应该设法掩藏购买的意愿，不要明显表露非买不可的心态，否则，若被供应商识破非买不可的处境，将使采购人员处于劣势。

所以，此时采购人员应采取"若即若离"的姿态，从试探性的询价着手，若能判断供应商有强烈的销售意愿，再要求更低的价格，并作出不答应即行放弃或另行寻求其他来源的表现，通常若采购人员出价太低，供应商无销售的意愿，则不会要求采购人员加价，若供应商虽想销售，但利润太低，即要求采购人员酌予加价，此时采购人员的需求若相当急迫，应可同意略加价格，迅速成交，若采购人员并非迫切需求，可表明绝不加价的意思，供应商则极可能同意买方的低价要求。

（二）差额均摊

由于买卖双方议价的结果存在着差距，若双方各不相让，则交易告吹，采购人员无法取得必需的商品，供应商失去了获取利润的机会。因此，为了促成双方的成功交易，最好的方式就是采取"中庸"之道，即将双方议价的差额，各承担一半。

（三）迂回战术

在供应商占优势时，正面议价通常效果不好，此时应采取迂回战术才能奏效。

实例

某超市在本地的总代理购入某项化妆品，发现价格竟比同业某公司的购入价贵，因此超市总经理要求总代理说明原委，并比照售予同业的价格。未料总代理未能解释其中道理，也不愿意降价，因此，采购人员就委托其原产国的某贸易商，先行在该国购入该项化妆品，再转运至超市。因为总代理的利润偏高，此种转运安排虽然费用增加，但总成本还是比通过总代理购入的价格便宜。

当然，此种迂回战术是否成功，有赖于运转工作是否可行，有些原厂限制货品越区销售，则迂回战术的执行就有困难。

（四）直捣黄龙

有些单一来源的总代理商，对采购人员的议价要求置之不理，一副"姜太公钓鱼，愿者上钩"的姿态，使采购人员有被侮辱的感觉，此时若能摆脱总代理商，寻求原制造商的报价将是良策。

实例

某超市拟购一批健身器材，经总代理商报价后，虽然三番两次应邀前来议价，但总代理商却总是推三阻四，不切主题。后来，采购人员查阅产品目录时，随即发送要求降价12%的传真给原厂，事实上其只是存着姑且一试的心理，不料次日原厂回电同意降价，使采购人员雀跃不已、欣喜若狂。

从上述的事例中，可以看出采购人员对所谓的总代理应在议价的过程中辨认其虚实，因为有些供应商自称为总代理，事实上并未与国外原厂签订任何合约或协议，只想借总代理的名义自抬身价，获取超额利润。因此，当采购人员向国外原厂询价时，多半会获得回音。但是，在产、销分离制度相当严谨的国家，如日本，则迂回战术就不得其门而入，因为原厂通常会把询价单转交当地的代理商，不会自行报价。

（五）哀兵姿态

在居于劣势情况下，采购人员应以"哀兵"姿态争取供应商的同情与支持。由于采购人员没有能力与供应商议价，有时会以预算不足作借口，请求供应商同意在其有限的费用下，勉为其难地将货品卖给他，而达到减价的目的。

一方面采购人员必须施展"动之以情"的议价功夫；另一方面则口头承诺将来"感恩图报"，换取供应商"来日方长"的打算。此时，若供应商并非血本无归，只是削减原本过高的利润，则双方可能成交；若采购人员的预算距离供应商的底价太远，供应商将因无利可图，不为采购人员的诉求所动。

（六）釜底抽薪

为了避免供应商处于优势下攫取暴利，采购人员应同意让供应商有"合理"的利润，否则胡乱杀价，仍然给予供应商可乘之机。因此，通常采购人员应要求供应商提供其所有成本资料，对国外货品而言，则请总代理商提供一切进口单据，借以查核真实的成本，然后加计合理的利润作为采购的价格。

五、直接议价技巧

即使面临通货膨胀、物价上涨的时候，直接议价仍能达到降低价格的功能，因此在议价协商的过程中，采购人员可以用直接议价的方式进行谈判。其具体技巧有以下4种，如图4-4所示。

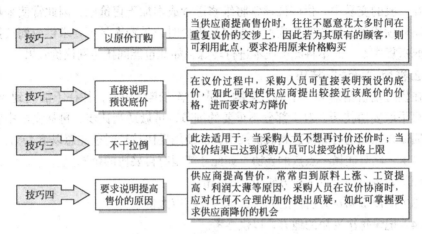

图4-4 采购人员谈判中的直接议价技巧

六、间接议价技巧

（一）针对价格的议价技巧

在议价的过程中，采购人员也可用间接方式进行议价，其具体技巧有以下3种。

1. 议价时不要急于进入主题

在开始商谈时，最好先谈一些不相关的话题，借此熟悉对方周围事物，并使双方放松心情，再慢慢引入主题。

2. 运用"低姿态"

在议价协商时，对供应商所提的价格，尽量表示困难，多说"唉！""没办法！"等字眼，以低姿态博取对方同情。

3. 尽量避免书信或电话议价而要求面对面接触

面对面的商谈，沟通效果较佳，往往可借肢体语言、表情来说服对方，进而要求对方妥协，予以降价。

（二）针对非价格因素的议价技巧

在进行议价协商的过程中，除了上述针对价格所提出的议价技巧外，采购人员也可利用其他非价格的因素来进行议价，其具体技巧如下。

1.要求供应商分担售后服务及其他费用

当供应商决定提高售价，而不愿有所变动时，采购人员不应放弃谈判，而可改变议价方针，针对其他非价格部分要求获得补偿，最明显的例子，便是要求供应商提供售后服务，如大件家电的维修、送货等。

在一般的交易中，供应商通常将维修送货成本加于售价中，因此常使采购人员忽略此项成本，所以在供应商执意提高售价时，采购人员可要求供应商负担所有维修送货成本，而不将此项成本进行转嫁，如此也能间接达到议价效果。

2.善用"妥协"技巧

在供应商价格居高不下时，采购人员若坚持继续协商，往往不能达到效果，此时可采取妥协技巧，对少部分不重要的细节，可做适当让步，再从妥协中要求对方回馈，如此也可间接达到议价效果，但使用妥协技巧时须注意以下4点。

（1）一次只能做一点点的妥协，如此才能留有再妥协的余地。

（2）妥协时马上要求对方给予回馈补偿。

（3）即使赞同对方所提的意见，也不要答应太快。

（4）记录每次妥协的地方，以供参考。

3.利用专注的倾听和温和的态度博得对方好感

采购人员在协商过程中，应仔细地倾听对方说明，在争取权益时，可利用所获对方资料或法规章程，进行合理的谈判。

第五章 采购谈判

学习目标

1. 了解采购谈判的内容,能够把握住谈判的有利时机。
2. 能够对采购谈判进行有效的规划。
3. 能运用正确的方法来做足采购谈判的准备工作。
4. 在谈判中充分地运用各种技巧和策略,以使谈判过程能掌握在自己一方,从而获得谈判成功。

第一节 采购谈判的认识

采购谈判，是指企业为采购商品，作为买方与卖方厂商对购销业务有关事项，如商品的品种、规格、技术标准、质量保证、订购数量、包装要求、售后服务、价格、交货日期与地点、运输方式、付款条件等进行反复磋商，谋求达成协议，建立双方都满意的购销关系。

一、采购谈判的适用场合

并不是每次采购都需要进行谈判的，总的来说，以下13种情况需进行谈判。
（1）采购项目涉及大量的金额（如固定设备的采购）。
（2）采购者对市场进行了调查，发现市场价格都不可接受。
（3）市场竞争的不足导致价格的不合理。
（4）谈判中获胜的可能性比失败的可能性大。
（5）有重要条款需要买卖双方或其中一方的领导介入、关注。
（6）由于其以往的努力受到怀疑，采购者希望他（她）的领导介入。
（7）由于涉及新技术或程序，在初期很难确定价格。
（8）采购者希望卖方根据他（她）的特殊需求报价。
（9）涉及卖方在固定设备或其他资源方面有较大的投入。
（10）有技术或商务问题必须得到解决。
（11）没有足够的时间选择其他产品或服务。
（12）双方合作的需要。
（13）在连续提供产品、服务方面存在风险。

二、采购谈判的内容

采购谈判围绕采购商品而进行洽谈，因而商品的品种、规格、技术标准、质量保证、订购数量、包装要求、售后服务、价格、交货日期与地点、运输方式、付款条件成为谈判的焦点（如图5-1所示）。下面对谈判内容作具体描述。

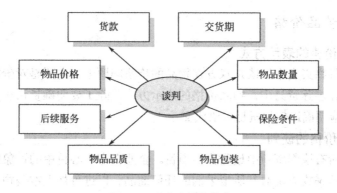

图5-1 采购谈判的焦点

（一）物品品质

1. 物品品质的规定

谈判双方，首先应当明确双方希望交易的是什么物品。在规定物品品质时，可以用规格、等级、标准、产地、型号和商标、产品说明书和图样等方式来表达，也可以用一方向另一方提供物品实样的方式，来表明己方对交易物品的品质要求。

在谈判时，采购人员对质量的定义应理解为："符合买卖双方所约定的要求或规格就是好的质量"。因此，采购人员应设法了解供应商本身对商品质量的认知或了解的程度，而管理制度较完善的供应商应有下列有关质量的文件。

（1）产品规格说明书。

（2）品管合格范围。

（3）检验方法。

2. 质量的表示方法

在谈判中，采购人员要尽量向供应商取得有关质量的资料，以利未来的交易。通常在合约或订单上，质量是以下列方法的其中一种来表示的。

（1）市场上商品的等级。

（2）品牌。

（3）商业上常用的标准。

（4）物理或化学的规格。

（5）性能的规格。

（6）工程图。

（7）样品（卖方或买方）。

（8）以上各项的组合。

采购人员在谈判时应首先与供应商对商品的质量达成互相同意的质量标准，以避免日后的纠纷，甚至法律诉讼。对于瑕疵品或在仓储运输过程中损坏的商品，采购人员在谈判时应要求供应商退货或退款。

（二）物品价格

1. 物品价格的表示方式

在国内货物买卖中，谈判双方在物品的价格问题上，主要是对价格的高低进行磋商，而在国际贸易中，物品价格的表示方式，除了要明确货币种类、计价单位以外，还应明确以何种贸易术语成交。

2. 物品价格的谈判

价格是所有谈判事项中最重要的项目。企业在客户心目中的形象应该是高质量低价格。若采购人员对其所拟采购的任何商品，以进价加上本公司合理的毛利后，并判断该价格无法吸引客户的购买时，就不应以该价格向供应商采购。

（1）谈判前。在谈判之前，采购人员应事先调查市场价格，不可凭供应商片面之词，而误入圈套，如果没有相同商品的市价可查，应参考类似商品的市价。

（2）谈判时。在谈判价格时，最重要的就是要能列举供应商产品经由企业销售的好处，其具体内容见表5-1。

表5-1 供应商产品经由企业销售的好处

序号	好处	备注
1	大量采购	
2	铺货迅速	
3	节省运费	
4	稳定人事，付款	
5	清除库存	
6	保障其市场	
7	沟通迅速	
8	付款迅速，并减少应收账款管理费用	
9	不影响市价	
10	外销机会	
11	共同发展	

价格谈判是所有商业谈判中最敏感的，也是最困难的项目，但越是困难的项目，越令人觉得具有挑战性，这也是采购工作特别吸引人之处，因此，采购人员应体会这一点，运用各种谈判技巧去达成这项艰巨的任务。

（三）物品数量

在磋商物品数量条件时，谈判双方应明确计量单位和成交数量，必要时可制定数量的机动幅度条款。在定量不太多的时候，订购量往往很难令供应商满意，所以在谈判时，采购人员应尽量笼统，不必透露明确的订购数量，如果因此而导致谈判陷入僵局时，应将话题转到其他项目上。

在没有把握决定订购数量时，采购人员不应采购供应商所希望的数量，否则一旦存货滞销，必须降价出清库存，从而影响利润的达成并造成资金积压及空间浪费。

（四）物品包装

1. 物品包装的种类

包装可分为两种：内包装和外包装。内包装是用来保护、陈列或说明商品之用，而外包装则仅用在仓储及运输过程中的保护。

2. 物品包装的设计

外包装若不够坚固，仓储运输的损坏就会太大，从而会降低作业效率，并影响利润；外包装若太坚固，则供应商成本高，采购价格势必偏高，从而会导致商品的价格缺乏竞争力。

设计良好的内包装往往能提高客户的购买意愿，加速商品的回转，而国内生产的产品在这方面比较差，采购人员应说服供应商在这方面进行改善，以利彼此的销售。

3. 物品包装的谈判

基于以上的理由，采购人员在谈判物品包装的项目时，应协商出对彼此都最有利的包装，否则不应草率订货。

对于某些商品若有销售潜力，但却无合适的自选式量贩包装时，采购人员应积极说服供应商制作此种包装，来供本公司销售。

（五）交货期

一般而言，对于采购方来说，交货期越短越好，因为交货期短，订货频率就会增加，订购的数量就相对减少，存货的压力也大为降低，仓储空间的需求也相对减少。对于有长期承诺的订购数量，采购人员应要求供应商分批送货，从而可以减少库存的压力。

（六）保险条件

买卖双方应明确由谁向保险公司投保、投何种险别、保险金额如何确定、依据何种保险条款办理保险等，而采购员在谈判时，必须将此内容列举进去。

（七）货款

1. 货款支付方式

货款的支付主要涉及支付货币和支付方式的选择。在国际货物买卖中使用的支付方式主要有汇付、托收、信用证等。不同的支付方式,买卖双方可能面临的风险大小不同,因此在进行谈判时,需根据情况慎重选择。

2. 货款支付的条件

在国内一般供应商的付款条件是月结30～90天左右,采购人员应计算出对本企业最有利的付款条件。在正常情况下,供需双方的付款作业是在单据齐全时,即可按买卖双方约定的付款条件进行结算。

(八) 后续服务

这有利于买卖双方预防和解决争议、保证合同的顺利履行、维护交易双方的权利,这也是国际货物买卖谈判中,必然要商议的交易条件。

三、采购谈判的时机

要想使谈判成功,必须掌握好时机,时机对了,许多事情就顺理成章了。以下从采购方的角度来谈一谈采购谈判的最好时机和最糟糕的时机。

(一) 谈判的最好时机

(1) 当新的供应商试图与你建立关系,而你现在的供应商表现还好的时候。
(2) 当你要与供应商进行更多的业务,但仍然获得小规模报价时。
(3) 当市场处于买方市场,并与现有供应商的采购已经超过一年时。
(4) 当你现在采购的产品或服务价格下降,但你并没有从供应商那里获得价格减让时。
(5) 当你对产品、交易厂商和市场有充分了解时。
(6) 当供应商急于与你达成协议时。
(7) 当供应商所处行业属于完全竞争行业时。
(8) 当潜在的长期回报高于接受的原始报价时。

(二) 最糟糕的时机

(1) 当你不知道购买何种产品或服务时。
(2) 当你对交易厂商一无所知时。
(3) 当你对市场情况一无所知时。
(4) 当你疲劳、压力大或情绪低落时。
(5) 当你不了解对手的权限时。
(6) 当你不知道自己有多大让步权限时。
(7) 当供应商知道你公司的业务正在滑坡或正处在破产边缘时。
(8) 当你没有受到足够的谈判策略、战术和程序训练时。

四、谈判前应自问的问题

为使谈判成功，在谈判前应该提出及回答以下问题，以使自己的准备工作更加充足。

（1）这是否是将要进行谈判的项目？

（2）现状是怎样的？我的目标是什么？

（3）我是否收集到了以下方面的足够的信息：卖方、谈判涉及的产品或服务、市场以及管理层的期望？

（4）卖方期望从谈判中获得什么？

（5）我是否有足够的时间和资源使谈判进展顺利？

（6）管理者是否支持我的目标及许可我使用公司的资源？管理者是否介入？

（7）卖方在以往的谈判中表现如何？

（8）各方谈判者是谁（根据对方谈判者特征选择你方谈判者）？

（9）谈判双方希望达成什么结果？

（10）今后与卖方是否有其他的交易？交易量多少？时间多长？

第二节 采购谈判的规划

采购人员的主要工作之一就是要降低采购成本，要想达到其目的，就必须懂得如何谈判，而成功的谈判必须有妥善的规划。

一、采购前预测

要想使每次的采购都能达到预期的效果，那就得做好采购前的预测工作。一个好的预测包含下列4项内容，如图5-2所示。

二、学习谈判模式

从所获得的信息中学习谈判的问题、对象及内容，是谈判成功的关键。下面分为容易得到（少花钱及时间）的信息与不易得到（多花钱及时间）的信息两部分分别介绍，如图5-3所示。

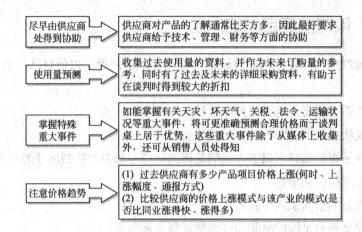

尽早由供应商处得到协助	供应商对产品的了解通常比买方多，因此最好要求供应商给予技术、管理、财务等方面的协助
使用量预测	收集过去使用量的资料，并作为未来订购量的参考，同时有了过去及未来的详细采购资料，有助于在谈判时得到较大的折扣
掌握特殊重大事件	如能掌握有关天灾、坏天气、关税、法令、运输状况等重大事件，将可更准确预测合理价格而于谈判桌上居于优势，这些重大事件除了从媒体上收集外，还可从销售人员处得知
注意价格趋势	(1) 过去供应商有多少产品项目价格上涨(何时、上涨幅度、通报方式) (2) 比较供应商的价格上涨模式与该产业的模式(是否比同业涨得快、涨得多)

图5-2　采购前的预测

☆易得到的信息☆

- 谈判及价格的历史资料
  ——找出供应商谈判技巧的倾向
  ——供应商处理上次谈判的方式
- 产品与服务的历史资料
  价格的上涨有时隐含品质及服务水准的降低，工程部门及使用该产品的制造部门不难发现此情形，此点可作为谈判的筹码
- 稽核结果
  从会计或采购稽核处可发现待加强控制之处(如供应商常发生错误的账款)
- 最高指导原则
  挟公司政策、政府法令和过去发生的先例，以增强你的谈判力
- 供应商的营运状况
  从供应商的销售人员及竞争能力可了解供应商的问题与优劣势，知己知彼才能百战百胜
- 谁有权决定价格
  收集谈判者的个人资料加以运用(卖方通常较易对陌生人抬高价格)
- 掌握关键原料或关键因素
  运用80：20原理，对非紧要项目可予退让，对重要项目紧守谈判原则
- 利用供应商的情报网路
  可从销售人员处得到一些有价值的信息，如价格趋势、科技的重要发明、市场占有率、设计的改变等

☆不易得到的信息☆

- 寻求更多的供应来源(包括海外)
  即使你仍向原来的供应商采购，但更多的供应来源可增强你的议价能力
- 有用的成本、价格资料与分析
  良好的成本、价格分析可提供有效的采购谈判工具，必要时应借助成本分析师，这是一种投资而非成本
- 供应商的估价系统
  化整为零——从供应商各个部门的生产过程来推估其合理的成本
- 限制供应商的谈判能力
  提供对方越少的信息越好；尽量让对方发表意见，仔细聆听并从中找出对策
- 了解供应商的利润目标及价格底线
  需耐心地通过各种渠道求得(谈判过程也是渠道之一)

图5-3　从信息中学习

三、做好采购分析

采购分析主要做好以下6方面的事务，具体见表5-2。

表 5-2 采购分析事务

序号	分析方面	具体要求
1	建立报价系统	利用专业成本分析师从事成本分析，借以估算底价
2	比价	比价又可分成两方面： 其一，价格分析，相同成分或规格比较其价格或服务 其二，成本分析，将总成本分为细项——包含人工、原料、外包、制造费用、管理费用、利润，卖方与买方估计的价差，需要双方讨价还价来达成协议
3	找出决定价格的主要因素	掌握决定价格的主要因素是人工、原料抑或是外包，这可作为谈判的依据
4	价格的上涨如何影响供应商的边际利润	供应商的成本虽然上涨（如由于通货膨胀），但其价格通常不只反映成本的增加（常有"灌水"现象）
5	实际与合理的价格是多少	要通过成本计算和市场考察来分析合理的价格并与实际价格相比较
6	应对价格上涨的最好对策	在这方面最好有专家的协助

四、采购优劣势的分析

采购人员必须评估与供应商谈判的力量，知晓自己究竟有哪些优势或劣势，才能够选择适当的谈判策略与方法。比如属于采购方力量占优势的状况，有下列各项。

（1）采购数量占供应商的产能的比率大。
（2）供应商产能的成长超过采购方需求的成长。
（3）供应商产能利用率偏低。
（4）卖方市场竞争激烈，而买方并无指定的供应来源。
（5）买方最终产品的获利率高。
（6）物料成本占产品售价的比率低。
（7）断料停工损失成本低。
（8）买方自制能力高，而且自制成本低。
（9）采用新来源的成本低。
（10）买方购运时间充足，而卖方急于争取订单。

观察采购力量与供应力量的对抗情形，自然可以找出机会或弱点，据此能够发现应对供应商的策略（压榨策略、平衡策略或多角化策略），而此等策略将成为采购人员执行工作的行动方针，具体见表5-3。

表5-3 不同采购策略下的行动方针

行动项目	压榨策略	平衡策略	多角化策略
数量	分散	保持原状或谨慎转移	集中
价格	施以减价压力	俟机协商	保持低价格
合约涵盖程度	采购现货	平衡合约及现货采购	透过合约确保供应
新供应商	保持联络	择优采购	积极寻求
存货	维持低水准	保持相当存货	保有安全存量
自制	减少或避免	视状况决定	加强
替代品	保持接触	把握机会	积极寻求
附加价值开发	迫使供应商负责	因势制宜	着手本身计划
供输	尽量降低成本	选择性降低成本	确保足够货源

第三节 采购谈判的准备

一、收集采购谈判资料

（一）分析采购需求

采购需求的分析就是要在谈判之前弄清楚企业需求什么、需求多少、需求时间，最好能够列出企业物料需求分析清单。

（二）调查资源市场

在对采购需求作出分析之后，要对资源市场进行一番调查分析，获得市场上有关物料的供给、需求等信息资料，从而为采购谈判的下一步提供决策依据。目前市场调查通常包括以下内容，见表5-4。

表5-4 资源市场调查的内容与目的

调查项目	调查内容	调查目的
产品供应需求情况	（1）对于该产品来讲，目前市场上是供大于求、供小于求还是供求平衡 （2）了解该产品目前在市场上的潜在需求者，其是生产本企业同种产品的市场竞争者，还是生产本企业产品替代品的潜在市场竞争者，还要时刻注意他们对于该产品的采购价格、政策等	制定不同的采购谈判方案和策略，比如，当市场上该产品供大于求时，对于己方来说讨价还价就容易些，供小于求情况则相反
产品销售情况	（1）该类产品各种型号在过去几年的销售量及价格波动情况 （2）该类产品的需求程度及潜在的销售量 （3）其他购买者对此类新、老产品的评价及要求，可以使谈判者大体掌握市场容量、销售量，从而有助于确定未来具体的购进数量	可以使谈判者大体掌握市场容量、销售量，从而有助于确定未来具体的购进数量
产品竞争情况	（1）生产同种所需产品供应商的数目及其规模 （2）所要采购产品的种类 （3）所需产品是否有合适的替代品生产供应商 （4）此类产品的各重要品牌的市场占有率及未来变动趋势 （5）竞争产品的品质、性能与设计 （6）主要竞争对手所提供的售后服务方式及中间商对这种服务的满意程度	通过产品竞争情况的调查，使谈判者能够掌握供应己方所需同类产品竞争者的数目、强弱等有关情况，寻找谈判对手的弱点，从而争取以较低的成本费用获得己方所需产品，也能使谈判者预测对方产品的市场竞争力，使自己保持清醒的头脑，在谈判桌上能灵活掌握价格弹性
产品分销渠道	（1）各主要供应商采用何种经销路线，当地零售或制造商是否聘用销售人员直接推销，其使用程度如何 （2）各种类型的中间商有无仓储设备 （3）各主要市场地区的批发商与零售商的数量 （4）各种销售推广、售后服务及储存商品的功能	可以掌握谈判对手的运输、仓储等管理成本的状况，在价格谈判上心中有数，而且可以针对供应商售后服务的弱点，要求对方在其他方面给予一定的补偿，从而争取谈判成功

（三）收集供应商的信息

对方的信息一定要包括以下方面。

（1）供应商的资信情况。供应商是否具有签订合同的合法资格；对方的资本、信用和履约能力。

（2）供应商的谈判风格和特点。谈判作风实质是谈判者在多次谈判中表现出来的一贯风格，了解谈判对手的谈判风格，可以对预测谈判的发展趋势和对方可能采取的策略以及制定己方的谈判策略，提供重要的依据。

（3）供应商要求的货款支付方式、谈判最后期限等方面资料。

（四）整理与分析资料

在通过各种渠道收集到以上有关信息资料以后，还必须对它们进行整理和分析。

1. 鉴别资料的真实性和可靠性

在实际工作中，由于各种各样的原因和限制因素，在收集到的资料中存在着某些资料比较片面、不完全，甚至有的是虚假、伪造的，因而必须对这些初步收集到的资料做进一步的整理和甄别，即去伪存真。

2. 鉴别资料的相关性和有用性

在资料具备真实性和可靠性的基础上，结合谈判项目的具体内容与实际情况，分析各种因素与该谈判项目的关系，根据它们对谈判的相关性、重要性和影响程度进行比较分析，并依此制定出具体切实可行的谈判方案和对策，即去粗取精。

二、制定采购谈判方案

（一）确定采购谈判目标

采购者必须有明确的目标。简单将目标陈述为低价格或早发货是不够的，陈述目标必须明确、具体。

实例

——单件价格为$1387。

——在9月15日发货。

——产品开发的合同金额不超过$50000，其设计必须是被市场接受的，并于5月1日前完成。

——在6月1日前须在工厂安装空调系统，它必须能够保持华氏68度（20℃）的环境温度。

一般可以把谈判目标分为四个层次，即最低目标、可接受目标、实际需求目标、最优期望目标，如图5-4所示。

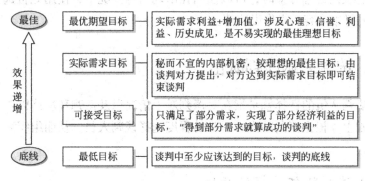

图5-4 谈判目标

（二）安排采购谈判议程

谈判议程及谈判的议事日程主要是说明谈判时间的安排和双方就哪些内容进行磋商。

1.确定采购谈判主题

要进行一次谈判，首先就要确定谈判的主题。一般来说，凡是与本次谈判相关的、需要双方展开讨论的问题，都可以作为谈判的议题，可以把它们一一罗列出来，然后根据实际情况，从而确定应重点解决哪些问题。

对于采购谈判来讲，最重要的就是采购产品的质量、数量、价格水平、运输等方面，因此应把这些问题作为谈判议题的重点加以讨论。

2.安排采购谈判时间

谈判时间的安排，即要确定谈判在何时举行、为期多久。如果是一系列的谈判需要分阶段进行，则还应对各个阶段的谈判时间作出安排。在选择谈判时间时，要考虑下面3个方面的因素，如图5-5所示。

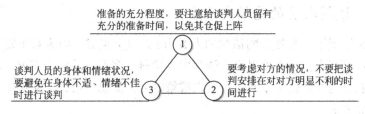

图5-5 选择谈判时间的因素

(三)制定谈判备选方案

通常情况下,在谈判过程中难免会出现意外的事情,令谈判人员始料不及,从而影响谈判的进程,因而在谈判前应对整个谈判过程中双方可能作出的一切行动进行正确的估计,并依此设计出几个可行的备选方案。

在制定谈判备选方案时,可以注明在出现何种情况下,使用此备选方案以及备选方案的详细内容、操作说明等。

三、选择采购谈判队伍

采购谈判队伍的选择就是指在对谈判对手情况以及谈判环境诸因素充分分析研究的基础上,根据谈判的内容、难易程度选择谈判人员,从而组织高效精悍的谈判队伍。

(一)谈判队伍选择的原则

1. 根据谈判的内容、重要性和难易程度组织谈判队伍

在确定谈判队伍阵容时,应着重考虑谈判主体的大小、重要性和难易程度等因素,并依此来决定派选的人员和人数,一般分两种情况,如图5-6所示。

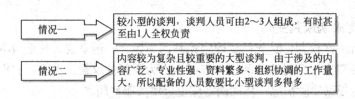

图5-6 确定谈判队伍的阵容情况

2. 根据谈判对手的具体情况组织谈判队伍

在对谈判对手的情况做了基本了解以后,就可以依据谈判对手的特点和作风来配备谈判人员。一般可以遵循对等原则,即己方谈判队伍的整体实力与对方谈判队伍的整体实力相同或对等。

(二)谈判人员的选择与配备

在通常情况下,参加采购谈判的人数由1人以上组成。因为对于复杂的或较为重要的谈判来讲,首先可以满足谈判中多学科、多专业的知识需求,取得知识结构上的互补与综合优势;其次,可以群策群力,集思广益,从而形成集体的进取与抵抗的力量。

特别提醒 ▶▶▶

实际谈判活动中,在做此项工作时应注意以下要点。

(1)在确定具体谈判人选时,尽量选择"全能型的专家",即通晓技术、经济、法律和语言四方面的知识,能够专长于某一个方面的人。

(2)在确定谈判小组具体人数时,要以上述谈判队伍组选的原则为指导思想,合理确定谈判小组的规模,同时也要兼顾谈判小组的工作效率。一般情况下,谈判小组由3~5人组成。

(三)谈判人员的分工与合作

在确定了具体谈判人员并组成谈判小组之后,就要对其内部成员进行分工,从而确定主谈与辅谈。主谈是指在谈判的某一阶段或者对某一方面或几个方面的议题,以他为主进行发言,阐述我方的观点和立场;辅谈是指除主谈以外的小组其他成员及处于辅助配合的位置。

主谈与辅谈人员在谈判过程中并不是各行其是,而是在主谈人员的指挥下,互相密切配合。总之,既要根据谈判的内容和各人的专长进行适当的分工,明确各人的职责,又要在谈判中按照既定的方案相机而动,彼此呼应,从而形成目标一致的有机谈判统一体。

四、确定谈判地点

谈判地点的选择有三种情况:己方所在地、对方所在地、双方的外的第三地。对于最后一种情况往往是双方在参加产品展销会时进行的谈判。三种地点选择有利有弊,具体见表5-5。

表5-5 谈判地点的优缺点比较

谈判地点	优点	缺点
己方所在地	(1)以逸待劳,无需熟悉环境或适应环境这一过程 (2)随机应变,可以根据谈判形式的发展随时调整谈判计划、人员、目标等 (3)创造气氛,可以利用地利之便,通过热心接待对方,关心其谈判期间生活等问题,从而显示己方的谈判诚意,创造融洽的谈判氛围,促使谈判成功	(1)要承担繁琐的接待工作 (2)谈判可能常常受己方领导的制约,不能使谈判小组独立地进行工作

续表

谈判地点	优点	缺点
对方所在地	（1）不必承担接待工作，可以全心全意地投入到谈判中去 （2）可以顺便实地考察对方的生产经营状况，取得第一手的资料 （3）在遇到敏感性的问题时，可以说资料不全而委婉地拒绝答复	（1）要有一个熟悉和适应对方环境的过程 （2）谈判中遇到困难时，难以调整自己，容易产生不稳定的情绪，进而影响谈判结果
双方之外的第三地	对于双方来说在心理上都会感到较为公平合理，有利于缓和双方的关系	由于双方都远离自己的所在地，因此在谈判准备上会有所欠缺，谈判中难免会产生争论，从而影响谈判的成功率

五、安排与布置谈判现场

在己方所在地进行谈判时，己方要承担谈判现场的安排与布置工作。为了能充分利用上述优点，在做此项工作时，也要讲求方法和技巧，为己所用。具体操作时注意要点如下。

（一）最好能够为谈判安排三个房间

一间作为双方的主谈判室，另外两间作为各方的备用室或休息室。

主谈室作为双方进行谈判的主要场所，应当宽敞、舒适、明亮，并配备应有的设备和接待用品。备用室或休息室作为双方单独使用的房间，最好靠近谈判室，也要配备应有的设备和接待用品，同时也可以适当配置一些娱乐设施，以便缓和一下双方紧张的气氛。

（二）谈判双方座位的安排也应认真考虑

通常有两种座位安排方式：双方各居谈判桌一边，相对而坐；双方谈判人员随意就座。两种安排方式各有千秋，因此要根据实际情况加以选择。

六、模拟谈判

为了提高谈判工作的效率，使谈判方案、计划等各项准备工作更加周密、更有针对性，在谈判准备工作基本完成以后，应对此项准备工作进行检查。在实践中行之有效的方法就是进行模拟谈判，因为有效的模拟谈判可以预先暴露己方谈判方案、计划的不足之处及薄弱环节，检验己方谈判人员的总体素质，提高他们的应变能力，从而达到减少失误、实现谈判的目标。

谈判双方可以由己方谈判人员与己方非谈判人员组成，也可以将己方谈判小组内部分为两方进行。

第四节　采购谈判的过程控制

采购谈判的过程中需要采购人员必须仔细斟酌每一细节，直至争取到双赢，使双方皆大欢喜。因此，在谈判开始前，采购人员必须知道谈判的各个步骤，如图5-7所示。

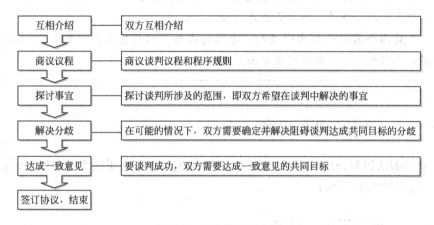

图5-7　采购谈判的步骤

在谈判的过程中，供需双方均要把握好各个细节，以确保双赢的达成。在谈判时，采购人员应掌握以下知识。

一、有礼貌地相互介绍

谈判中有邀请方与被邀请方，因此，作为负责这项事务的采购员与业务员必须做好相互介绍的工作。在相互介绍时，采购人员应注意以下3点。

（1）首先可让对方的采购员（业务员）来负责介绍对方主要人物。

（2）介绍时要坚持客方优先的原则。

（3）介绍后邀请双方入座，并向对方通报今天的具体谈判议程安排。

🔹 实例

2011年10月，KK公司转型成功，从之前一家制造性企业转为销售性的企业，同时也开始了从原始采购配件、自己组装成品转为采购成品销售。当月，公司采购部便来了一批成品销售商，并要进行采购谈判，公司委派采购部经理负责谈判事务。

在谈判开始前，采购部经理开始介绍双方人员："这就是那位会买鱼的老弟，咋今天才晓得往老哥这儿跑呢？"

对方这位销售人员一听非常不高兴，但作为公司销售员来说面对的是公司业务而非个人得失，也没有表现出不情愿的样子，但接着介绍销售方经理的时候，这位采购经理居然说："今儿来分我老李的一亩三分地，敢不留下买路财。"

由于这家供应商的销售经理无法理解这些在当地员工看来是很亲切的话，其当即表示拒绝合作，并指责这是一家土匪公司。

最后因公司老总的出面谈判，才签约成功，但销售方提出要求，在以后的谈判中不允许该采购部经理出面。

🔹 二、立场表现要明确

立场即认识和处理问题时所处的地位和所抱的态度。采购人员在谈判时要立场明确，应知晓以下常识。

（一）表示出求"双赢"

在谈判时，要表示出谈判的目的是双赢。事实证明，大部分成功的采购谈判，都要在和谐的气氛下进行，才可能达成，而在相同条件交涉上，站在对方的立场上去说明，往往更有说服力。

双赢绝对不是50：50（二一添做五）。事实上，有经验的采购人员，总会设法为自己的公司争取最好的条件，然后也让对方得到一点好处，因此站在采购的立场上，谈判的结果应是60：40、70：30，甚至是80：20。

🔹 实例

2011年，YY公司采购员薛某，去一制造厂家采购手机配件。由于该供应厂家觉得YY公司可以长期合作，并在双方谈判中表示出退让，愿意在前几次供货时用微利润博得长期合作，这一点被薛某发现后，薛某认为有机可乘。

在谈判中，该供应厂家表示："我们的立场鲜明，我们的目的是长期合作。"

薛某："我们公司也愿意，不过要看你们的合作态度。"

该供应厂家："你们可以提供技术给我们，我们仅留2%的利润用来维持公司发展，其余的可以优惠价格给你们。"

薛某："我看这样吧，你们在价格上再降10%。"

该供应厂家："我们没有利润了，何来发展呢？"

薛某："这是最低限度，你知道我们公司的供应商众多。"

该供应厂家："我们没有利润了，那就不用谈了，我们自己开发技术。"

从案例中可以发现，YY公司采购员薛某的立场出现了严重错误。采购员对公司的贡献是维持双赢合作，而不是把供应商逼得没有退路。

（二）"产品质量"不可让步

产品质量是采购商的门面，因此在谈判时，采购员要供货方提供明确质量保证要求以及质量责任，甚至要求供方提供质量保证依据。在谈判中，采购方决不能牺牲质量来确保最低价格的实现。

实例

在采购活动中，质量是第一条件。DY公司的采购员李某为了完成任务，不惜用产品质量为代价，给公司带来巨大的损失。

DY公司是一家大型猪饲料销售企业。由于在2011年公司销售量增加，要求公司采购员加大猪饲料采购量。在2010年4月份，公司规定每个采购员的采购量是100吨，但月末已到，李某的饲料采购量还不到50吨。问题不是采购不到猪饲料，而是许多猪饲料质量不达标，达标的猪饲料单价太高，超过了公司的允许范围。情急之下，李某决定冒险一次，他看到××饲料厂的猪饲料的质量要求与公司要求质量差不了多少，只是含×元素不达标而已。

为了完成采购任务，李某与××饲料厂达成协议，DY公司采购100吨，价格下调20%，这刚好在公司的允许范围之内，质量不达标的饲料在包装上进行改动。

采购回来的饲料在化验中，发现含×元素不达标，DY公司责怪××饲料厂造假，而××饲料厂声称之前与李某有协议，因此双方见诸于法庭。

（三）谈判属于组织行为

采购谈判是采购员代表企业或者组织同另一供方的企业或者组织销售代表实

施谈判,因此采购员个人素质决定着谈判的成败,如果某个采购员对某家供应商带有异样眼光,很容易导致采购谈判的失败。

实例

在采购活动中,"回扣"可谓是谈论的热点,也是采购活动中的焦点问题。采购人员(需方主体)是供应商的"上帝"和"追捧"者,也更是吃回扣的主要当事人。采购谈判的成功与否,往往与供方给采购人员回扣的多少有很大关系,这一点在政府部门采购中尤为突出。

如有一个贪官被查处后,在他的清单上显示,这位贪官对每件烟酒饮料都收取了20%~30%不等的回扣。比如,一瓶1.5千克装轩尼诗XO,采购价是每瓶1680元,实际则是每瓶1176元,一瓶就收取504元的回扣,3瓶共捞了1512元。这个贪官简直是贪婪成性,竟然连实价0.65元一瓶的矿泉水也不放过,每瓶照样收了0.35元的好处,采购360瓶水还捞了126块钱。

后来这位送回扣的酒水商也被牵涉进来,在纪委的调查中,酒水商说:"我们在谈判时,该官就表明立场,每瓶酒至少都要给他500元的回扣,否则今天的采购谈判就免了。"

三、议程中遵循三原则

谈判议程即谈判的议事日程,它主要是说明谈判时间的安排和双方就哪些内容进行磋商。在进行谈判之前,要确定谈判的主题与谈判议程,在执行谈判中,主持谈判的双方主管,应该遵循谈判议程执行谈判。凡是与本次谈判相关的、需要双方展开讨论的问题,都要作为谈判的议题,因此采购人员在谈判议程中必须把握好以下三原则。

- 原则一:把握重点谈
- 原则二:时间有限性
- 原则三:事实为根据

实例

中国采购巴西的铁矿石的谈判,谈判时间越长对中国越有利,因为近年来国际铁矿石价格被炒得太高,而在同时至少有四大因素决定铁矿石虚高价格将有掉头向下的趋势,因此应将谈判延期到矿石价格下降的时期,这样越拖对中国越有利。

(一)把握重点谈

谈判时,可以把谈判主体一一罗列出来,然后根据实际情况,确定应重点解决哪些问题。对于采购谈判来讲,最重要的也就是采购原材料的质量、数量、价格水平、运输等方面,所以应把这些问题作为议题重点加以讨论。

(二)时间有限性

一般来说,必须把握谈判时间进度,因为人的精力有限,注意力集中程度随着时间的延长渐次减弱,其二者之间的关系如图5-8所示。

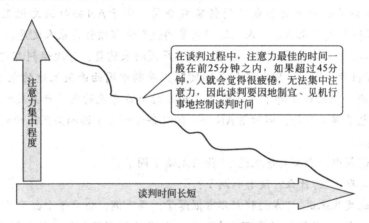

图5-8 谈判时间与注意力关系图

有些谈判需要长年累月谈,由于供需双方的利益不一样,可能谈判达成的时间也不一样,原则上应尽量有利于己方的达成时间。对于一般性企业,都应该从快处理,而对国际性采购,因其已经固定化了采购方式,可以根据价格需要采取一些谈判拖延战略。

(三)事实为根据

作为谈判双方,供方必须展示出自己真实的技术、质量、生产实力,采购方也必须展示出自己真实的购买能力,可以邀请采购方验厂或者采购方先支付一定定金。

四、选择适当的谈判方式

在谈判中,选择适当的谈判方式对于采购员来说是非常重要的。采购方式可以根据谈判具体情况来确定,一般来说,谈判方式有如下两种。

(一)强硬性谈判

强硬谈判不是说在谈判中采用强硬的语气,而是指在谈判中采取强硬的立场,绝不让步。采购人员在采取强硬性采购谈判时应掌握以下5个条件。

（1）准确计算出供方成本与利润空间。

（2）在同行中自己占有绝对市场优势。

（3）供方产品处在市场销售低潮。

（4）供方企业处于资金流通困难时。

（5）供方要求在质量上给予让步时。

实例

AN公司是一家大型电子销售集成公司。由于AN公司的文化里面含有"西点军校"式文化味道，因此他们的采购谈判常常被称为乘人之危。

AN公司采购员詹姆斯，是一位非常严谨的采购员，每次谈判都"斤斤计较"。2011年3月，詹姆斯带领采购团队，采购中国西南某基地的电子产品。在谈判前，他已经了解了各项情况，知道西南某基地的电子产品处于不景气状态，也了解了市价，同时请AN公司的财务师估算了西南某基地的电子产品的成本。

在谈判中，西南某基地说："价格无法下调了。"

詹姆斯："为什么？没有利润了？"

西南某基地说："我们利润非常微薄了，再下调，公司等于白干了。"

詹姆斯："我们来核算下成本……，如果你们下调10%，还有23.5%的利润空间，完全可以维持你们企业的生存与我们的未来合作。"

西南某基地："詹姆斯先生，另外一个企业Y公司也谈在这个价格上。"

詹姆斯："NO，我们已经调查了，Y公司已经表示退出中国市场了。"

西南某基地的谈判人员目瞪口呆，不得不佩服詹姆斯高超的谈判技术与周密的布置。

（二）温柔性谈判

温柔性谈判，是指在采购谈判中采取让步的状态，来达成交易目的。某些企业在出现库存不足，或者其他物质紧缺情况下，通常会在采购谈判中采用温柔性谈判。采购人员在采取温柔性谈判时应掌握以下4个条件。

（1）采购方出现紧急物质需求。

（2）供方产品市场潜力巨大。

（3）供方要求在非紧要关口上给予让步时。

（4）采购谈判持久不下。

实例

2008年,四川的一家建筑器材生产制造企业,由于受到地震的破环,其重建任务十分紧迫,急需采购一批建材设备。在一次南下与C公司就设备采购的谈判中,该企业成功地运用温柔性谈判方式获得了采购成功。

在谈判中,川企说:"我们急需一批建材配件××××。"

C公司:"心情我们可以理解,但是价格问题上是否可以提高一点。"

川企说:"现在是非常时期,我们的困难你可以了解。"

C公司:"普天下华人都了解,大家各让一步吧。"

川企说:"我们现在不光缺设备,还缺人才,可否在这个问题上给予帮助。"

C公司:"我提议,设备价格再上调1%,人才问题我们可以无偿解决。"

川企说:"行,可行。"

由于在地震中,川企的资金链出现问题,短时间内还无法解决,因此,谈判过了一会儿,川企说:"由于按你们企业目前的价格,我们的现金无法按时到账,需要等来年一起结算。"

C公司此时才明白,川企通过价格让步是为了获取资金的延期付款,由于已经答应合作,C公司只有按谈判要求将人与设备送到四川。

五、僵局一定要打破

采购谈判中,在谈及价格与交货期问题时,出现僵局是很难避免的,因此,在谈判中出现僵局时,采购人员可采取以下技巧,如图5-9所示。

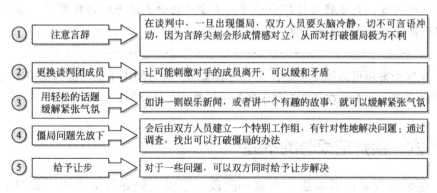

图5-9 打破僵局的五大技巧

实例

华北某汽车制造集团C公司与东南亚某国,就购买橡胶进行了马拉松式的持久谈判。东南亚某国开价高得惊人,尽管双方僵持激烈,但东南亚某国不在乎僵局。为了打破僵局,C公司恳求政府支持,政府选派的是一名杰出的商务谈判高手,结果她也很久谈不下来。于是这位谈判高手采取了幽默的方式,以退为攻,说:"好吧,我同意贵方的报价,如果我的政府与我的公司不同意这个高价,我愿意用我的工资来支付,但是,请允许我分期付款,可能我要支付一辈子。"东南亚某国谈判人员忍不住一笑,发现继续谈下去也无法打破僵局,最后一致同意把橡胶价格下调20%。

从这个案例可以明显看出,东南亚某国的让步对谈判的成功起了关键的作用。这种让步就是以退为进,它对谈判双方都很有利,而这位谈判高手的幽默也起了不可估量的作用。

实例

我国某厂与美国某公司谈判设备购买生意时,美商报价218万美元,我方不同意,美方降至128万美元,我方仍不同意。美方大怒,扬言再降10万美元,即118万美元不成交就回国,但是我方不为美方的威胁所动,坚持再降,从而导致谈判陷入僵局。

第二天,美商果真回国,我方毫不吃惊。美方代表为了谈成这笔生意,几天后又回到中国继续谈判。此时,我方为了找到打破僵局的办法,从国外获取一份情报——美方在两年前以98万美元将同样设备卖给匈牙利客商。在谈判的时候,我方将此情报出示后,美方以物价上涨等理由狡辩了一番后,将价格降至我方需求的价格。

从这个案例可以明显看出,为了打破僵局,美方使用了欲擒故纵策略;为了僵局的突破,我方也在寻找有利于谈判中价格竞争的情报。

六、谈判结束时的掌握

这是谈判的最后阶段,在这一阶段,主要应做好以下工作,如图5-10所示。

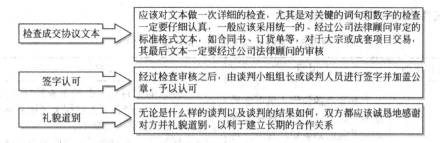

图5-10　谈判最后阶段应注意的工作

实例

谈判结束时，检查合同是一个重要的环节，因为合同的字面意思而导致纠纷的事件频出。2011年11月，A制造厂与B纸张公司引发了合同纠纷。

11月9日，A制造厂与B纸张公司就包装纸的采购进行谈判，当晚，双方谈判结束，两家企业庆祝开始合作，但没有人去检查合同上的歧义。

11月10日，B公司开始给A制造厂供纸。11月11日，A制造厂打电话告诉B公司，该公司供应的纸张不合格，要求重做，但B公司认为是按合同执行的，双方一对照合同，合同上写明所有纸张按12×13执行。B公司是国内企业，当然按12厘米×13厘米执行生产，而A制造厂是外资企业，在他们的观念中，12×13的单位是英寸。

从此案例中可以看出，在谈判结束后检查合同是非常重要的，否则会出现纠纷。

第五节　采购谈判的策略与技巧

采购人员在谈判时，还应掌握一定的谈判策略与技巧，才能在谈判时拥有主动权。作为采购人员，应熟知以下谈判策略与技巧。

一、把握准谈判对手的性格

（一）采购谈判人员的四种性格

英国学者盖温·肯尼迪分析谈判人员的性格有四类；即驴式性格、羊式性格、狐式性格、枭式性格，具体见表5-6。

表5-6 采购谈判人员的四种性格及其特点

性格类型	说明	特征
驴式性格	有些企业的销售人员可能是某销售企业的亲戚，这种人可能对采购的知识知之甚少，其特点是不动脑筋，轻率反应，明知不对还要顽固坚持，或是死抱着不切实际的所谓"原则"不放，以无知作主导，谈判时必然干蠢事	（1）爱以老大自居：有些企业销售人员，本着自己与企业经营者的这层关系或者本企业势力，处处摆老大的架子 （2）好面子：明知错了，却要强说自己正确，目的是等待台阶下 （3）没有主见：这部分销售人员的主见来自上级领导，自己没有主见 （4）固执：由于没有主见，且爱面子，必然固执
羊式性格	有些企业的销售人员忙于完成销售任务，他们对任何东西都能接受，总是听人摆布来做抉择，像羊入屠宰场时的模样，他们行事无主见，任人左右，缺乏为自身利益而斗争的意识，往往事事屈从，唯恐得罪了对方，甚至连对方不高兴他也要怕	（1）老好人：为了达到销售目的，喜欢当老好人，把客户签下为目的，不管企业是否有制造与供应能力 （2）没有主见：这部分销售人员的主见来自客户，自己没有主见 （3）人际关系好：由于当老好人，供应商非常喜欢这类性格的人 （4）责任心强：这类销售人员一般比较务实，只要答应客户的事情一般都能办到，采购方对此谈判人员可以放心
狐式性格	有些企业的销售人员善于耍小聪明，他们能洞察谈判的发展，不择手段地攫取想要的东西，狐狸的成功纯粹靠着阴谋诡计，他们诱使旁人钻入圈套，只要能达目的就不择手段，最善于抓住"羊"的弱点肆行压榨，对行事如"驴"者，更不在话下了	（1）八面玲珑：这类企业销售人员往往从人际关系上下工夫，常常变现为八面玲珑、四面讨好，常用回扣来麻痹一些采购人员 （2）笑里藏刀：他们常常表面上装出真诚，诱使采购员钻入圈套，只要能达目的就不择手段 （3）没有责任：他们更多是为了谋求自己利益，从来不关心采购方与供方利益 （4）善于谈判：狐式性格之所以可以获得经营者的青睐，在于他们的谈判技能
枭式性格	有些资深企业经营者在参与谈判的时候，具有长远眼光，重在建立真诚的关系，以求取得想要得到的东西，他们面对威胁与机遇能处变不惊，从容应付，以自己的言行赢得对方的尊敬，不会去欺凌他人	（1）处变不惊：他们在谈判时候，面对采购员的任何威胁与机遇都能处变不惊，从容应付，根本让你无懈可击 （2）眼光长远：他们在谈判时候，不会拘于一时的得失，往往重于长远的销售打算 （3）业界有知名度：能够做到如此稳重，主要在于业界多年打拼，对业界情况了如指掌，因此在业界会享有较高知名度 （4）谈判真诚：这些资深经营者经营早就信奉"诚信是商道的第一原则"

（二）四种性格的对策

采购人员应针对以上谈判对手的四种性格、特点，做好相应的谈判对策，其具体对策见表5-7。

表5-7　谈判对手四种性格的相应对策

种类	对策	案例
驴式性格	立场坚定	"这虽是你们公司的规定，但这也是行业内部的规定" "我们用行业说话"
	用事实说话	"请出示样板" "这是你们上个月的销售量" "我们对你的制造研发成本进行了计算，请过目"
	给予适度赞扬	"王经理可谓是行内专家呀" "王业务员不愧为贵公司销售栋梁"
	注意提供台阶	"你说的是昨天的行情，看来王经理太累了，把昨天与今天混淆了" "王先生请给我留一条退路呀，不然兄弟我没法混"
羊式性格	真诚以待	"能认识你，相见恨晚，我们今天是来学习的" "请你先陈述意见吧"
	提升对方信心	"我们今天谈不成，没关系，最终会找到共同点的" "谈判嘛，就是要讲究双赢，要保证我们都能挣钱"
	主动提示	"不知你们老板有什么意见" "我建议为了保证安全，这个项目可能要你们上级与你一起来决定"
狐式性格	要坚持原则	"坚决不收回扣" "我们最好一次性谈清楚" "朋友归朋友，但公事归公事"
	要注意尺度	"这个问题已经不能让步了，请你再考虑吧！" "根据行业规定，必须有合同书"
	辨别真伪	"对于这些问题，我们需要看你们的详细计划" "我要去你们车间看看"
枭式性格	真诚相待	"这是我们的产品型号，请过目" "你先开价吧，然后我们再报价"
	从长远看问题	"我们这次可以给你一次性价格，但也希望下次给我优惠" "我们的合作是长远的" "双赢是我们唯一的目的"
	注意礼貌	"您先请" "初到贵公司，果然名不虚传呀" "签约后，我们开车送你"

二、不同优劣势下的谈判技巧

采购员在谈判时,还应掌握不同优劣势下的谈判技巧,才能做到游刃有余,其具体内容如下。

(一)我方劣势谈判技巧

在采购谈判活动中,我方处于弱势情况时,可以采用吹毛求疵技巧、先斩后奏技巧、攻心技巧、疲惫技巧、权力有限技巧和对付阴谋型谈判作风的技巧,熟练把握和恰当运用这些技巧,有利于我方控制谈判的方向和进程。在这里主要介绍一下吹毛求疵谈判技巧。

吹毛求疵技巧常用在零售业中,但在生产性企业却不可这样做。

吹毛求疵技巧,就是指谈判中处于劣势的一方对有利的一方炫耀自己的实力,谈及对方的实力或优势时采取回避态度,而专门寻找对方弱点,伺机打击对方。

实例

苹果熟了,果园里一片繁忙景象。一家果品公司的采购员来到果园,"多少钱一公斤?""1.6元。""1.2元行吗?""少一分也不卖。"不久,又一家公司的采购员走上前来。"多少钱一公斤?""1.6元。""整筐卖多少钱?""零买不卖,整筐1.6元一公斤。"接着这家公司的采购员挑出一大堆毛病来,如从商品的质量、大小、色泽等。其实买方是在声明:瞧你的商品多次。而卖主显然不同意他的说法,在价格上也不肯让步。买主却不急于还价,而是不慌不忙地打开筐盖,拿起一个苹果掂量着、端详着,不紧不慢地说:"个头还可以,但颜色不够红,这样上市卖不上好价呀!"接着伸手往筐里掏,摸了一会儿摸出一个个头小的苹果:"老板,您这一筐,表面是大的,筐底可藏着不少小的,这怎么算呢?"边说边继续在筐里摸着,一会儿,又摸出一个带伤的苹果:"看,这里还有虫咬,也许是雹伤,您这苹果既不够红又不够大,算不上一级,勉强算二级就不错了。"这时,卖主沉不住气了,说话也和气了:"您真想要,还个价吧。"双方终于以每公斤低于1.6元的价钱成交了。第一个买主遭到拒绝,而第二个买主却能以较低的价格成交,这关键在于,第二个买主在谈判中,采取了"吹毛求疵"的战术,说出了压价的道理。

(二)我方优势的应对技巧

我方处于优势,常常采用不开先例的技巧。为了坚持和实现提出的交易条件,而采取用已有的先例来约束对方,从而使对方就范,接受己方交易条件的一种技巧。它是一种保护买方利益，强化自己谈判地位和立场的最简单而有效的方法。买方如果居于优势，对于有求于己的推销商进行谈判时也可参照应用。

实例

下面是电冰箱进货商（甲方）与电冰箱供应商（乙方）对一批电冰箱价格所进行的谈判实况。

甲："你们提出的每台1700元，确实让我们难以接受，我们有诚意成交，能否每台降低300元？"

乙："你们提出的要求实在令人为难。一年来我们对进货的600多位客户给的都是这个价格，要是这次单独破例给你们调价，以后与其他客户的生意就难做了。很抱歉，我们每台1700元的价格不贵，不能再减价了。"

在这个关于电冰箱价格的谈判实例中，电冰箱供应者面对采购者希望降价的要求，为了维持己方提出的交易条件而不让步，便采取了不开先例的手法。对供应者来讲，过去与买方的价格都是每台1700元，现在如果答应了采购者要求降价就是在价格问题上开了一个先例，进而造成供应者在今后与其他客户发生交易行为时也不得不提供同样的优惠条件。所以，精明的供应商始终以不能开先例为由，委婉地回绝了对方提出的降价要求。供应者在价格谈判中，成功地运用了不开先例的技巧，其原理是利用先例的力量来约束对方使其就范奏效。

（三）均势谈判技巧

均势谈判中，常采用迂回的技巧。

所谓迂回技巧，就是通过其他途径接近对方，建立了感情后再进行谈判。这种方法往往很奏效，因为任何人除了工作还会有许多业余活动，而这些业余活动如果是对方最感兴趣的事情，那么你就能成为对方的伙伴或支持者，感情就很容易沟通了，从而可以很容易换来经济上的合作。

实例

美国杜维诺公司向一家饭店推销面包，杜维诺派销售人员和部门经理亲自上门推销，并向这家饭店做出价格优惠、服务上门、保证供应、保证质量的承诺，还表示了愿意建立长期合作关系的愿望，但饭店经理就是不买他的面包。后来杜维诺采用了迂回战术才获得成功。杜维诺了解到，该饭店的经理是一个名叫"美国旅馆招待者"组织中的一员，他十分热衷于这一活动，被选为该组织的主席，不论该组织的会议在什么地方召开，他都不辞辛苦地参加。了解到这些情况后，当杜维诺再见到他时，绝口不提面包一事，而是谈论那个组织，因此饭店经理十分高兴，跟他谈了半个小时，并建议杜维诺加入这一组织。几天之后，杜维诺便接到了这家饭店购买面包的订单。

三、采购谈判的沟通技巧

采购人员在谈判时，还要注意沟通技巧，其具体内容如下。

（一）谈判沟通的四种方式

谈判沟通的四种方式具体如图5-11所示。

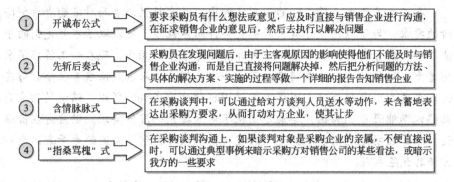

图5-11 采购谈判沟通的四种方式

（二）采购谈判的沟通技巧

采购谈判的沟通技巧有4种可供参考，如图5-12所示。

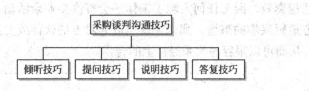

图5-12 采购谈判的沟通技巧

1.倾听技巧

倾听技巧，在谈判时显得尤为重要。采购员在谈判时应掌握以下倾听技巧。

（1）先入为主的固定看法影响倾听。采购人员与对方进行沟通时，不仅要注意听懂其谈话内容，更要揣摩其谈话意图。

（2）情绪化会使人变成聋子。在谈判沟通中当听到自认为不正确的意见或不利于自己的言论时,千万别太情绪化,这样会让自己听不下去对方谈的任何内容,也会给对方留下不好的印象,从而影响谈判的成功。

(3)一心不可二用。在谈判沟通时,切忌一心二用,这样会分散注意力,使听的内容不连贯、看的内容不全面,从而会影响谈判的进程。

(4)听而不闻。在谈判沟通中听对方讲话时,不应将注意力集中在对方的外貌和举止上,这样会不知道对方在谈的内容。

2. 提问技巧

提问是进行有效口头沟通的关键工具。谈判的各个阶段意味着为了达成协议可以提出各种类型的问题,此时采购人员可以采用以下提问技巧,具体见表5-8。

表5-8 谈判沟通的提问技巧

序号	类型	内容	案例
1	开放型问题	不能直接用"是"或"不是"来回答,包括谁、什么、为什么和什么时候	"你为什么那样认为?"
2	诱导型问题	鼓励对方给出你所希望的答案	"你是不是更喜欢……?"
3	冷静型问题	感情色彩较低	"降价如何影响标准?"
4	计划型问题	即一方谈判者事先准备好在谈判过程中进行提问,或许这是议程的一部分	"如果我们提出……价格,你方会怎么考虑?"
5	奉承型问题	带有奉承的色彩	"你或许愿意与我们分享你在这方面的知识?"
6	窗口型问题	询问对方的见解	"你的看法是……"
7	指示型问题	切中主题	"价格是多少?"
8	检验型问题	询问对方对某一建议的反应	"你对此是否有兴趣?"

3. 说服技巧

谈判时,沟通还需掌握说服的技巧,这样才更容易取得谈判的成功,其具体技巧如下。

(1)讨论先易后难。
(2)多向对方提出要求、传递信息、影响对方意见。
(3)强调一致、淡化差异。
(4)先谈好后谈坏。
(5)强调合同有利于对方的条件。
(6)待讨论赞成和反对意见后,再提出你的意见。

（7）说服对方时，要精心设计开头和结尾，要给对方留下深刻印象。
（8）结论要由你明确提出，不要让对方揣摩或自行下结论。
（9）多次重复某些信息和观点。
（10）多了解对方，以对方习惯的、能够接受的方式和逻辑去说服对方。

4. 答复技巧

答复不是容易的事，回答的每一句话，都会被对方理解为是一种承诺，都负有责任，因此采购人员在答复时应掌握以下技巧，如图5-13所示。

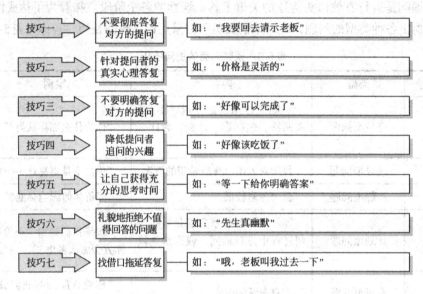

图5-13　采购谈判中的答复技巧

四、采购谈判的禁忌

采购谈判中有些雷区，应该尽量避免，其具体内容如下。

（一）准备不周

缺乏准备，首先就没办法得到对手的尊重，这样自己心理上就矮了一截，同时也没法知己知彼，从而会漏洞百出，很容易被抓住马脚。

实例

小王是一家公司新任命的采购员，仓促间被派往参与采购谈判，此时公司正在与一家制造企业洽谈配件的采购。

在谈判中，该供应商问小王，该产品的市场价格是多少。小王由于没有经过市场调查，便顺口说了公司规定的一个价格，该供应商便提出疑问："你们上次价格是××，这次怎么变成这样呢？你不会记错了吧！"

小王装出自己一副知道的样子，说："没错！就是这么多，如果你们愿意合作的话，我们可以再加一点。"供应商随即答应。

合同签署后，小王才发现该供应商在欺诈他，因为上次价格还更低。

（二）缺乏警觉

对供应商叙述的情况和某些词汇不够敏感，采购人员就无法抓住重点，无法迅速而充分地利用洽谈中出现的有利信息和机会。

（三）脾气暴躁

人在生气时不可能做出好的判断。盛怒之下，往往会做出不明智的决定，并且还要承担不必要的风险，同时还会给对方留下非常不好的印象，在对方的心目中形成成见，使你在日后的谈判中处于被动状态。

实例

××公司的×采购经理脾气非常暴躁，在一次采购谈判陷入僵局的时候，×采购经理随手将一个玻璃杯打烂。事后，参加谈判的对方人员回到公司后，便向业界同行说："××公司有暴力倾向。"一时间，××公司的采购变得困难起来，为了挽回公司局面，×经理只能被迫辞职。

（四）自鸣得意

骄兵必败，原因是骄兵很容易过于暴露自己，结果让对手看清你的缺点，同时也失去了深入了解对手的机会。

另外，骄傲会令你做出不尊重对方的言行，激化对方的敌意和对立及增加不必要的矛盾，最终会增大自己谈判的困难。

（五）过分谦虚

过分谦虚只会产生两个效果。

（1）可能让别人认为你缺乏自信、缺乏能力，而失去对你的尊重。

（2）让人觉得你太世故、缺乏诚意，从而对你有戒心，产生不信任的感觉。

（六）赶尽杀绝

会失去别人的尊重，同时在关系型地区，也很有可能影响自己的职业生涯。

（七）轻诺寡信

不要为了满足自己的虚荣心，越权承诺，或承诺自己没有能力做到的事情，不但使个人信誉受损，同时也影响企业的商誉。你要对自己和供应商明确这一点；为商信誉为本，无信无以为商。

（八）过分沉默

过分沉默会令对方很尴尬。采购人员往往认为供应商是有求于自己，因此，自己不需要理会对方的感受。对方若以为碰上了木头人，不知所措，也会减少信息的表达，最终无法通过充分的沟通了解更多的信息，反而让自己争取不到更好的交易条件。

（九）无精打采

采购人员一天见几个供应商后就很疲劳了，但这时依然要保持职业面貌，不要冲着对方的高昂兴致泼冷水，因为这可能让自己失去很多的贸易机会。

（十）仓促草率

工作必须是基于良好的计划管理，仓促草率的后果是被供应商认为是对他的不重视，从而无法赢得对方的尊重。

（十一）过分紧张

过分紧张是缺乏经验和自信的信号，通常供应商会觉得遇到了生手，好欺负，一定会好好利用这个机会，抬高谈判的底线，可能使你一开始就无法达到上司为你设定的谈判目标。

（十二）贪得无厌

工作中，在合法合理的范围里，聪明的供应商总是以各种方式迎合和讨好采购人员。遵纪守法、自律廉洁是采购员的基本职业道德，也是发挥业务能力的前提，因此采购人员应当重视长期收益，而非短期利益。

(十三) 玩弄权术

不论是处理企业内部还是外部的关系，都应以诚实、客观的处事态度和风格来行事，玩弄权术最终损失的是自己，因为时间会使真相暴露。

(十四) 泄露机密

天机不可泄露，严守商业机密是雇员职业道德中最重要的条件。应时刻保持警觉性，在业务沟通中要绝对避免暴露明确和详细的业务信息。当有事要离开谈判座位时，一定要合上资料、关掉电脑或将资料直接带出房间。

第六章
采购合同签订

学习目标

1. 了解采购合同的类别和主要内容，在草拟合同时对于必备条款心中有数。
2. 了解签订采购合同的步骤，在签订合同时能确保合同的有效性。
3. 了解采购合同的修改、取消、终止的条件，并能按程序来处理。

第一节 采购合同的类别与内容

一、采购合同的类别

一般买卖交易所制定的协议,大都视采购物质的性质及其方式而制定不同的条款,因而采购合同通常按不同的方式可分成不同的种类,具体内容见表6-1。

表6-1 采购合同的类别

分类方法	细类	说明
以交货时间分类	定期协议	定期协议即整批订货而一次交货,多用于订货量较少或为配合使用时采用
	定期分批交货协议	即一次订货而分批交货,这类协议也是为配合供应者的产能安排不受影响而使用,或因配合使用以免存货过多,多用于采购量大、在配合使用的原则下而经双方协议签订
	长期供应协议	长期供应协议,即对于经常需要的物料,双方协商而签订长期供应协议
以买卖价格分类	固定价格协议	固定价格协议,即以买卖双方商洽协议时的价格作为交货后付款的依据,除协议另有规定以外,不得以任何理由变更价格
	浮动价格协议	浮动价格协议又称成本协议,即以协议当时的各项成本因素、市价作为基准价格,而于交货结算货款时,再依结算时的市价与基准价格核算比较涨跌的比率而予以调整,一般金额较大、交货期较长的物料采购或工程计价,大多采用这种方式订约
以成立方式分类	书面协议	即买卖双方以文书签订的协议
	非书面协议	即以口头、电话等方式而经双方协议同意成立者,其以订立正式字据为要件
以销售方式分类	经销协议	这类协议多以生产或供应货品的厂商要求条件而成立
	承揽协议	多为业务推广性质,立于媒介的地位来促进双方的交易,从中取得佣金者
	代理协议	此种方式大多仅为代理报价签约,不设立门市并且不与买方直接发生交易行为,仅做服务性工作而促成买卖双方交易,其佣金则依约定由买方或卖方支付

二、采购合同的条款

采购买卖条件一经协议，即由双方将协议细节、权利与义务在书面协议书上详细记载，以取得法律的保障，但是采购合同书并无一定标准格式，其内容通常视采购本身的性质与类别而定，不过无论哪类物质的采购合同通常由主要条款、基本条款、附件三部分组成。

（一）主要条款

主要条款一般包括以下内容。
（1）双方当事人的名称。
（2）双方地址。
（3）合同的名称及编号。
（4）法人的法定代表人或合法代理人的姓名。
（5）主合同文本的份数。
（6）有效期限。
（7）签订合同的时间。
（8）签约地点。
（9）合同双方当事人的签名盖章等。

（二）附件

附件是指与合同有关的文书、图表和其他资料。

（三）基本条款

采购合同的基本条款，即正文，是双方拟定的合同内容。采购合同的一般条款是购销双方履行合同的基本依据，如果缺少一般条款中的某一项或几项，购销双方的权利义务就可能因此而变得不明确，这样就容易引起经济纠纷。采购合同的一般条款包括下列各项内容。

1.商品的名称及相关问题

（1）包括商品的名称（注册牌号或商标）、品种、型号、规格、等级等。

（2）数量和计量单位。采购合同的数量条款由以下因素构成：供方提供商品的数量；计量单位；计量方法以及允许范围内的正负尾差；合理磅差；超欠幅度；自然损耗等。

2.质量条款

质量条款（产品的技术标准）是指商品的内在素质和外观形态的综合。质量条款的注意事项如下。

（1）产品的技术标准，应符合合同用途的标准，如执行国家标准、行业标准或其他特约标准等。注意该标准应是存在的而且可以衡量的。

（2）明确规定供方对产品质量负责的条件、期限及检验的期限，并且成套产品还要规定对附件的质量要求。因为安装运转后才能发现内在质量缺陷的产品，应规定提出质量异议的条件和时间，以备使用过程中发生问题时与供方交涉。

（3）约定违反质量条款时的处理规定，常见的有退货、返工、降价、免费维修等。

3.缺陷责任

大多数合同都包含一项条款，通常被称为"保证"或者"担保"，在此之下供应商对其供应的产品在设计、原材料或者制作工艺上出现的任何缺陷或质量问题时负责进行补偿，这将适用于货物被交付或者投入使用后某一段时间。

对于消费品，制造商和零售商提供的保证期通常是12个月，并且一旦已经采购了产品就开始计算保证期，因此采购方应该就所采购货物的合适保证期进行谈判，而条款应该考虑谁来支付与处理缺陷物品、包装和将物品运回供应商处等有关的费用以及其他附带成本。

4.价格条款

合同中应该确定价格，包括但不限于单价和总价。确定价格条款时，原则上遵守国家的有关价格政策，但在国家和地方没有规定统一价格的情况下，供需双方可以协商决定合理的价格。价格条款中还要注意货币单位，如果涉及国际采购、支付外汇时，则要注意汇率是变化的，同时要考虑汇率变化对合同的影响。

5.合同涉及的标准

采购商品或服务都会涉及最终的商品或服务的交接及验收，这就会涉及一些相关的标准。

（1）产品的包装标准和包装物的供应与回收。为了保证货物运输的安全，产品包装要按国家标准或专业标准规定执行。没有国家标准或专业标准的，可按承运、托运双方商定并在合同中写明的标准进行包装；有特殊要求或采用包装代用品的，应征得运输部门的同意，并在合同中明确规定。

（2）商品的验收标准及方法。商品的验收分为数量验收和质量验收。数量验收的计量方法和计量单位必须按照国家统一规定的计量方法执行，在特殊情况下，可按合同规定的计量方法执行。质量验收所采用的质量标准以及检验方法，都必须在合同中明确具体地规定出来。同时，合同中还应写明进行数量检验和质量检验的地点和期限以及提出异议的期限。

6.合同的交付条款

合同的交付条款包括交货的期限、交货地点和交货方式的界定。

（1）交货期限。交货期限条款应写明具体日期，季节性商品应规定更加具体的交货期限，如旬、日等，如果交货期限规定不清，供需双方解释不一致，就容易发生纠纷。

（2）交货地点和交货方式。采购合同要明确规定交货地点和交货方式：是在供方所在地交货还是在需方所在地交货；合同中约定的所有商品是一次交齐还是分批交货及每次的交货数量；当供需双方同城时，是供方将商品送交给需方还是需方自己提货。以上这些问题要在合同中逐项注明。

7. 支付条款

买方和卖方必须对付款条款达成协议。随着合同价值的增加，支付条款变得特别重要，因此必须考虑很多方面，内容如下。

（1）支付方式。由于支付方式是多种多样的，因此，对所要采用的支付方式要有明确的规定，要求写明是用汇票、本票、支票、信用证还是其他的方式支付，否则会引起纠纷。

（2）结算时间和条件。支付时间是买方支付货款的时间，这决定着是先付款还是先交货，因此一般要在合同中约定结算时间和条件，否则容易产生纠纷。

 特别提醒 ▶▶▶

对于高价值合同和（或）长期合同，可以使用阶段性付款、分期付款，但使用时需要谨慎对待。

（1）付款应该与明确的交付绩效紧密地联系在一起，不要基于时间进行阶段性付款、分期付款。比如"合同开始日期3个月后将支付合同价格的10%"，这样你可能真正付款了，可是供应商可能还没做任何工作。

（2）如果供应商不履行合同或者不能完成所要求的工作（比如供应商破产倒闭了），那么供应商应该为采购方提供补偿。

8. 违约条款

在采购过程中买卖双方往往会因为彼此之间的责任和权利问题引起争议，并由此引发索赔、理赔、仲裁以及诉讼等，因此为了防止争议的产生，以及在争议发生后能获得妥善的处理和解决，买卖双方通常都在签订合同时把违约后的索赔、免责事项等内容事先作出明确的规定，而这就是违约条款。

9. 违约金

如果供应商违约，并且当事人不能同意这一项财务结算，那么使用仲裁或者起诉供应商来获取损失赔偿将是一个非常费时的活动，而在合同中事先约定违约金可以克服这个问题。

采购方应预先评估供应商不履行合同特定条款的可能后果，当用货币单位表示的时候，这些就被称为"违约金"。如果供应商接受这一评估，那么违约金就可以并入合同中。为了是有效的（即可实施的），违约金必须是对可能损失的真实估算，而不是一些任意的数字。以下有一个关于违约金条款的例子。

实例

如果供应商在完工时间内没有完成工作,那么每延迟10天将从合同价格中扣除合同价格1%的金额,直到最多扣除合同价格的5%。

10. 分包条款

采购方通常想限制供应商将订单的一部分分包给分包商或者其他供应商的自由度,因为供应商可能会再选择较差的分包商,而这会提高采购方的风险水平。为了控制这一点,采购方可以与供应商签订分包条款,可以这样表述:"没有采购方的书面同意,供应商不能将合同的任何部分进行分包,这一限制不适用于在合同中已经指定的制造商。供应商将对分包商所做的所有工作负责。"

11. 变更

除了最简单的合同以外,在合同履行期间,环境有发生变化的潜在可能,如购买组织可能要求增加一个在合同中没有的额外功能,因此在存在潜在的可能发生变化的地方,合同中应该包括一个变更条款,即一旦订立了合同,只有各方同意变更的时候才能够变更合同。

12. 终止

在大多数情况下,如果双方都按合同履行了各自义务,合同即告终止,然而,在双方协议达到这一点之前,也可以双方协商一致解除合同,达到终止合同的效力,因而这与变更条款的效力是相似的。另外,在出现法定解除(指的是因不可抗力致使不能实现合同目的;在履行期限届满之前当事人一方明确表示或者以自己的行为表明不履行主要义务、当事人一方迟延履行主要义务,经催告后在合理期限内仍未履行;当事人一方迟延履行债务或者有其他违约行为致使不能实现合同目的等情形)和约定解除(根据事先约定合同解除条件解除合同)的情况时,可以解除合同,达到终止合同的效力。

此外,在出现债务相互抵消、债务人依法将标的物提存、债权人免除债务、债权债务同归于一人、法律规定或者当事人约定终止的其他情形、因不可抗力致使不能实现合同目的等情形出现时,合同也终止。

【范本13】原材料零部件采购合同

原材料零部件采购合同

合同号:

兹由买方＿＿＿＿企业和卖方＿＿＿＿企业于＿＿＿年＿＿月＿＿日签订合同,各方同意买卖有关商品并遵守如下各项条件。

1　商品

商品代码：

说明：

备注：

2　产地

原产地：

生产厂商：

3　质量

3.1　卖方应按照买方认可的产品供货，未经买方事先当面同意，不得对产品本身或生产场地有任何改变。

3.2　卖方应严格按照经买方认可的，体现于相应的图纸、胶卷、样本、CAD软件及品质协议等当中的质量和技术规格要求生产或供应货品，如有任何改变，买方负责告知卖方更新有关图纸或胶卷等，卖方严格跟进相关的变化。

3.3　卖方应不断改进其品质，愿意配合买方不断提高各自的品质体系，达到品质目标。

3.4　买方提出的任何质量投诉，卖方应立即采取更正行动予以改进并在24小时内反馈给买方。

3.5　卖方应主动、积极地参与买方发起的质量改进活动，如质量免检等，以利于共同进步。

3.6　卖方应保持所有生产或供应的货品均符合有关环保法规要求。

4　订单安排

4.1　买方向卖方发出订单（PO）采购货品，卖方应严格按其时间和数量交货。实际购销的货品数量由买卖双方定期依据实际收货数量核对确定。

4.2　卖方对采购商提供的订单应在24小时内予以确认，并通过传真或电子邮件反馈给买方。

4.3　卖方不断改进其企划表现，确保100%的供应可靠性，缩短供应时间，提高供货或订单变化的灵活性，愿意配合买方一起通过引入计算机系统等不断提高其企划系统。

4.4　卖方应积极主动地参加买方发起的有关企划改进活动，如即时供应等，以利于共同进步。

5　价格及条款

5.1　买卖双方应不断改进，通过提高质量与效率等来降低成本及价格，并让利给用户。双方确认努力保持这种降低成本的趋势，每年至少重新审视一次价格。

5.2 买卖双方同意在5.4条款和8.2条款所明确的交货与付款条件下遵循下表所列内容。

代码说明	单价	币种	数量	短溢范围	总计

注：以上单价含税____%。

5.3 任何价格变化必须经双方同意，确定生效日期。有关的订单或销售通知（如有的话），应与最新的双方同意价格一致。

5.4 付款条件：在收到卖方开具的正本发票后____天内用电汇或信汇的方式付款，此条件等同于____天结算。

6 支持与合作

6.1 买卖双方确认依据采购商的采购方针，通过共同努力，向合作伙伴的方向发展目前的关系。

6.2 卖方确认配合买方开展的供应商考核、供应商质量体系审核及供应商改进会议等，不断保持进步，达到有关质量、企划及价格等目标。

6.3 买方将每季度评估一次供应商的表现，更新其认可供应商名册及供应商关系（商业型、优先型、合作伙伴型），如卖方表现不符合要求，买方将会反馈给卖方督促其改进。

6.4 为发展新业务，买方鼓励合作伙伴型供应商早期介入买方的产品开发过程，卖方不得因此合作而收取费用。

6.5 如买方提供了有关的设备、工具、测试仪器、模具等给卖方，卖方应妥善保管，正确使用及维护，如有任何严重损坏应在24小时以内用传真或电子邮件正式通知买方，并经买方同意立即采取措施予以修复。

7 包装

7.1 所有货品应按标准或买方认可的包装规格，用强度足够的卡箍、塑料袋或桶、瓶等容器包装，适应长途海运、邮寄、空运或汽车运输以及气候变化的要求，并防潮、防震。

7.2 包装说明如下。

代码说明	每件数量	包装方法

7.3 交运货品时应同时随货提供一份完整的装箱单或发货票，标明订单号、商品代码、数量及货品说明等。

7.4 货品说明、代码及数量应清楚地标注在每件外包装及必需的内包装外面。

8 发运及交货

8.1 所有货品发运应严格符合买方发出的订单中明确的要求。

8.2 交货条款如下。

8.2.1 卖方必须在装船完毕后24小时以内，以传真等方式向买方通知货物名称、数量、毛重、船名、航班号及起运日期、预计到达目的港时间等。

8.2.2 对于工厂交货的情况，买方应通过订单提前通知卖方提货时间等，卖方按要求作好发货准备。

8.2.3 对于买方提供的需循环使用的包装、运输材料、工具或设备等，卖方应予妥善保管，正确使用与维修。

9 保险

9.1 在FOB条件下，货品装运后由买方投保。

9.2 在CIF条件下，由卖方出资按110%发票金额投保。

10 检验

10.1 卖方应随货或提前将有关的出货检验报告或证明提供给买方以备检查。

10.2 买方按上面所述各方同意的质量、技术规格、定货量及包装要求等进行收货并做来货检验。

10.3 若来料不符合要求并确定退货，退货需按要求由卖方拉走或买方退出，本地货品一周内、国外货品一个月内退定。

10.4 若来料不符合要求，使用紧急而被确定挑选，则卖方应立即组织挑选或由买方直接组织挑选，因此发生的费用由卖方承担。

11 索赔

11.1 除应由保险企业或货运企业承担的赔偿外，对任何涉及质量、技术规格或数量等不符合双方同意的有关条款要求的情况，买方有权要求给予赔偿，因此而发生的费用如检验、退货运输、补货、保险、仓储、装卸等费用应由卖方负担。

11.2 一旦有不符合的情况发生，买方将书面通知卖方，卖方有责任立即采取改进行动，防止问题再次发生。

12 不可抗力

12.1 若卖方因不可抗力，包括罢工、火灾、水灾、政府行动或禁令以及其他任何不可合理控制的理由，不能按商定要求按时供货，卖方应在事发14天内邮寄由当地政府签发的事发证明给买方。

12.2 即使不可抗力事件发生，卖方仍有责任采取一切可能措施恢复供货。若卖方在事发后两周内仍不能履行合同责任，买方有权按合同弃权处理。

13 违约或取消合同

13.1 若卖方未能履行合同所规定的任何重要条款，如无合理解释，买方有权终止合同或拒收货品。

13.2 若买方要取消或终止合同或订单，而其理由超出卖方所能接受的范围，卖方有权要求买方给予赔偿因此而造成的损失。

14 纷争解决

14.1 本合同双方当事人在履行合同时发生的一切争议均应通过友好协商解决，如友好协商不能解决，双方当事人可选择仲裁或法院诉讼方式解决。

14.2 双方选择仲裁时，应另行达成仲裁协议，并确定仲裁机构。

14.3 如果选择诉讼，应按中国的法律规定确定受理案件的诉讼法院。

15 其他

15.1 未经允许，任何一方不得将对方的商业秘密或其他情报以口头、书面出示或借用、转让、泄漏给第三方。对于OEM段分包产品，如有必要，双方可另立知识产权协议。

15.2 本合同中英文一式两份，由双方在原件上签字，各执一份。

买方　　　　　　　　　卖方

授权人签字：　　　　　　授权人签字：

日期：　　　　　　　　　日期：

【范本14】产品买卖合同

产品买卖合同

甲方（买方全称）：

乙方（卖方全称）：

为了增强买卖双方的责任感，确保双方实现各自的经济目的，经双方充分协商，特制定本合同，以资共同遵守。

第一条　产品的名称、规格型号、数量、金额、供货时间。

产品名称	规格型号	牌号商标	计量单位	数量	单价	金额	交（提）货时间及数量或按甲方订单传真（允许生产的时间）	备注
合计金额（大写）：								

第二条　产品的技术标准（包括质量要求），按下列第（　　）项执行。

（1）按国家标准执行。

（2）无国家标准而有行业标准的，按行业标准执行。

（3）无国家及行业标准的，按企业标准执行。

（4）没有上述标准的或虽有上述标准，但甲乙双方有特殊要求的，按双方在合同中商定的技术条件、样品或补充的技术要求执行（附后）。

第三条　产品的包装标准及包装物的供应及回收。（略）

第四条　运输方式、交（提）货地点和费用负担。（略）

第五条　验收方法及提出异议期限。

（1）甲方在验收中，如发现产品的品种、型号、规格、花色和质量不符合规定，应于＿＿＿＿天内向乙方提出书面异议。

（2）甲方未按规定期限提出书面异议的，视为所交产品符合合同规定。

（3）甲方因使用、保管、保养不善等造成的产品质量下降的，不得提出异议。

（4）乙方在接到甲方书面异议后，应在＿＿＿＿个工作日内负责处理，否则即视为默认甲方提出的异议和处理意见。

第六条　货款结算：货到后＿＿＿＿天内结清。

第七条　违约责任：违约方承担总金额的＿＿＿＿％为违约金。

第八条　合同争议的解决方式：本合同在履行过程中如发生争议由双方当事人协商解决，协商不成，按下列第＿＿＿＿种方式解决。

（1）提交仲裁委员会仲裁。

（2）向乙方所在地人民法院提起诉讼。

第九条　本合同履行期内，甲乙双方均不得随意变更或解除合同。合同如有未尽事宜，须经双方共同协商后做出补充规定，补充规定与本合同具有同等效力。

第十条　其他。（略）

第十一条　本合同生效时间：合同双方签字盖章后即生效。合同一式二份，双方各执一份。

（以下无正文）

甲方：（盖章）　　　　　　　　　　乙方：（盖章）

法定代表人：　　　　　　　　　　　法定代表人：

委托代理人：　　　　　　　　　　　委托代理人：

地址：　　　　　　　　　　　　　　地址：

开户银行及账号：　　　　　　　　　开户银行及账号：

电话或传真：　　　　　　　　　　　电话或传真：

邮编：　　　　　　　　　　　　　　邮编：

　　年　　月　　日　　　　　　　　　年　　月　　日

第二节　订立采购合同

一、签订采购合同的步骤

签约是指供需双方对合同的内容进行协商，取得一致意见，并签署书面协议的过程。采购员在签约合同时应遵照以下5个步骤，如图6-1所示。

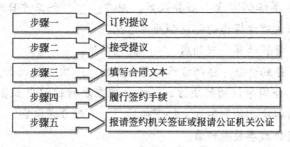

图6-1　签订采购合同的步骤

（一）订约提议

订约提议是指一方向对方提出制定合同的要求或建议，也称要约。订约提议应提出订立合同所必须具备的主要条款和希望对方答复的期限等，以供对方考虑是否制定合同。提议人在答复期限内不得拒绝承诺。

（二）接受提议

接受提议是指被对方接受，双方对合同的主要内容表示同意，经过双方签署书面契约，合同即可成立，也称承诺。承诺不能附带任何条件，如果附带其他条件，应认为是拒绝要约，而提出新的要约。新的要约提出后，原要约人变成新的要约人，而原承诺人成了新的承诺人。实践中签订合同的双方当事人，就合同的内容反复协商的过程，就是要约→新的要约→再要约→……直到承诺的过程。

（三）填写合同文本

填写合同文本时要注意格式。

（1）货物品种名称。一定要写全，不要简称。

（2）数量。不同规格要分开写，必要时标注大写。

（3）价格。不同规格要分开写。

（4）交货方式。自提、送货要注明，送货地点、时间要写清，是付费送货还是免费送货要注明。

（5）付款方式。可以先付一点定金，余款在到货验收合格后再付现金支票或限定期限内付清均可。

（四）履行签约手续

双方要按照合同文本的规定事项，履行相关的签约手续。具体的手续，也可由双方协商而定。

（五）报请签约机关签证或报请公证机关公证

有的经济合同，法律规定还应获得主管部门的批准或工商行政管理部门的签证。对没有法律规定必须签证的合同，双方可以协商决定是否签证或公证。

二、确保合同有效性的条件

（1）采购人员签订合同时，要确保其合同的有效性。

（2）有的合同双方签字就行了，特别是自然人之间的合同，但是企业与企业之间、企业与个人之间的合同，一般情况下除了签字外还需要盖章。

（3）在签订重大合同时，最好是双方当面签订，以免另一方采用欺骗手段签订假合同。

另外，签订重大合同，要看签订合同的另一方是否为法人代表、是否为授权代表、是否有资格签订特定的合同，因此未经授权的普通职工甚至是经理、总经理签订的合同有时未必为合法有效的合同。如供应商一个销售部经理签下产品销售合同,但如果该经理未经授权,则这一合同同样可能无效。

(4)签订的合同如果为多页,双方除了在末页签字盖章外,最好是双方加盖骑缝章,以免影响其他页内容的真实性从而发生纠纷。

三、签订采购合同的注意事项

采购人员在签订采购合同时应注意以下事项。

(一)争取草拟合同

草拟合同时要充分发挥草拟一方的优势。草拟合同的一方有巨大的优势,因为起草合同的一方,会补充口头谈判时遗漏的一些问题。如果是采购方草拟合同,采购方可以拟写对自己有利的条款。

(二)仔细阅读文本

签合同以前,采购人员必须仔细阅读当前的文本,防止对方对合同进行修改。不得随意变更或者解除合同,除非有一个不得已的前提条件,否则对所造成损失(变更和解除合同的时候已具一定的法律条件),应当承担相应的赔偿责任。提议变更和解除合同一方,应给对方重新考虑的时间,在新的协议未签订的前,原来的合同仍然有效。

实例

如某条款需要日后处理,一定要写出日后几天,不能只是一个模糊概念。2011年4月4日,香港M公司向G公司在港的代理商K公司发来出售鱼粉的实盘,并规定当天下午5:00前答复有效。该公司实盘的主要内容是:秘鲁或智利鱼粉,数量10000吨,溢短装5%,价格条款为CFR上海,价格每吨483美元,交货期为2011年5~6月,信用证付款,还有索赔以及其他的条件等。当天K公司与在北京的G公司联系后,将G公司的意见传真给M公司,要求M公司将价格每吨483美元减少至当时的国际市场价480美元,同时对索赔条款提出了修改意见,并随附G公司提议的惯用的索赔条款,并明确指出:"以上两点若同意请速告知,并可签约。"

4月5日香港M公司与G公司直接通过电话协商,双方各做让步,G公司同意接受每吨483美元的价格,但坚持修改索赔条款,即"货到45天内,经中国商检机构检验后,如发现问题,在此期限内提出索赔",结果,M公司也同意了对这一条款的修改,至此,双方在口头上达成了一致意见。4月7日,M公司在电传中,重申了实盘的主要内容和双方电话协商的结果。同日,G公司回电传给M公司，并告知由G公司的部门经理某先生在广交会期间直接与M公司签署合同。4月22日，香港M公司副总裁来广交会会见G公司部门经理，并交给他M公司已签了字的合同文本，该经理表示要阅后才能签字。4天后（4月26日）当M公司派人去取该合同时，部门的经理仍未签字。M公司副总裁即指示该被派去的人将G公司仍未签字的合同索回。5月2日，M公司致电传给G公司，重申了双方4月7日来往的电传内容，并谈了在广交会期间双方接触的情况，声称G公司不执行合同，未按合同条款规定开出信用证，将对其给M公司所造成的损失提出索赔要求，除非G公司在24小时内保证履行其义务。

5月3日，G公司给M公司发传真称：该公司部门经理某先生4月22日在接到合同文本时明确表示："须对合同条款做完善补充后，我方才能签字。"在买卖双方未签约之前，不存在买方开信用证的问题，并对M公司于4月26号将合同索回，G公司认为M公司已经改变主意，不需要完善合同条款而作撤约处理，没有必要在等我签字生效，并明确表示根本不存在要承担责任问题。5月5日M公司电传给G公司，辩称，该公司索回合同不表示撤约，双方有约束立的合同仍然存在，重申要对所受损失保留索赔的权利。

5月6日，G公司作了如下答复：①买方确认卖方的报价，数量并不等于一笔买卖最终完成，这是国际贸易惯例。②4月22日，我方明确提出要完善、补充鱼粉合同条款时，你方只是将单方面签字的合同留下，对我方提出的要求不做任何表示。③4月26日，未等我方在你方留下的合同签字，也不提合同条款的完善、补充，而匆匆将合同索回，也没有提任何意见，现在贵公司提出要我方开证履行，请问我们要凭其开证的合同都被你们撤回，我们怎么开证履约呢？上述情况说明，你方对这笔买卖没有诚意，等日后又重提此事，为此，我方对你方的这种举动深表遗憾，因此，我方也无需承担由此而引起的任何责任。

5月15日，M公司又电传给G公司，告知该公司副总裁将去北京，并带去合同文本，让G公司签字。

5月22日，M公司又电传给G公司，称：因M公司副总裁未能在北京与G公司人员相约会见，因此将合同文本快邮给G公司，让其签字，并要求G公司答复是否签合同还是仍确认双方不存在合同关系，还提出如不确认合同业已存在，要G公司同意将争议提交伦敦仲裁机构仲裁。5月23日，G公司电传答复M公司，再次重申该公司5月3日和6日传真信件的内容。

6月7日，M公司又致电传给G公司，重述了双方往来情况，重申合同业已成立，再次要求G公司确认并开证。6月12日，G公司在给M公司的传真信件中除重申是M公司于4月26日将合同索回，是M公司单方面撤销合同，并告知,G公司的用户已将订单撤回，还保留由此而引起的损失提起索赔的权利，同时表示，在时隔一个多月后，G公司已无法说服用户接受M公司的这笔买卖，将M公司快邮寄来的合同文本退回。

6月17日和21日，M公司分别电告G公司和K公司，指出G公司已否认合同有效、拒开信用证等，M公司有权就此所受损失费用要求赔偿。双方多次的协商联系，均坚持自己的意见，因此始终未能解决问题。

2011年7月26日，香港M公司通过律师，向香港最高法院提起诉讼，告G公司违约，要求法院判令G公司赔偿其损失。

在这一则案例中，由于双方对合同条款争执不下，最终不得不诉诸法律，而在此之前，双方根本就没有对合同条款进行协商，也没有仔细地研究共同存在的问题。

第三节　采购合同的变更

一、采购合同的修改

一般采购合同签订以后以不再变更为原则。为了维护买卖双方的共同利益，必须经买卖双方共同协商后才能对合同加以修改，合同的修改必须在不损及买卖双方的利益及其他关系人的权益下进行。通常有下列情形时，需协议修改合同条款。

（一）作业错误而经调查原始技术资料可予证实的

合同签订后如发现作业有错误而需加以更正时，应该以原始技术资料为准，经买卖双方协议后加以修正，并将修正情形通知相关单位。

（二）制造条件的改变而导致卖方不能履约的

由于合同履行督导期间发现因制造条件的改变，因而判定卖方不能履约，但因物料的供应不能终止合同或解约，重新订购无法应急时，买方可以协议适度地修改原合同后要求卖方继续履约。

（三）以成本计价签约而价格有修订必要的

以成本计价的合同，由于成本的改变、超过合同规定的限度时，买卖双方均可提出要求修订合同所订的总成本，但固定售价合同其价格以不再改变为原则，而如有下述情形时可协议修改。

（1）由于生产材料的暴跌致使卖方获取暴利时，可协议修订价格。

（2）由于生产材料的暴涨致使买方履约交货困难，解约重购对买卖双方不利时，可协议修订价格。

二、采购合同的取消

取消合同即是不履行合同的义务，因此为了公平的原则，不遵守合同的一方必须负发生取消合同的责任，但在法律上，到底哪一方须负担责任，须视实际情形来决定。一般取消合同大致有以下3种情形。

（一）违约的取消

违反合同有以下2种情况。

（1）卖方不依约履行。如交货的规格不符、不按时交货，其违约的原因可能是故意、无能力履行或其他无法控制的因素所造成。

（2）买方的违约。如不按时开发信用证而取消合同。

（二）为了买方的方便而取消

比如，买方由于利益或其他因素不愿接受合同的条款而取消合同，此时卖方可要求买方赔偿其所遭受的损失。

（三）双方同意取消合同

此种情况大都出于不可抗力的情形而发生。

三、合同的终止

为维护买卖双方的权益，在采购合同内制定了合同终止的条款，以便在必要时终止合同。

（一）采购合同终止的时机

在履约期间，因受天灾人祸或其他不可抗力的因素，使供应商丧失履约能力时，买卖双方均可要求终止合同。

有以下原因发生时，买方可要求终止合同。

（1）发现报价不实，有图谋暴利时。

（2）严重损害国家利益时。

（3）在履约督导时发现严重缺点，经要求改善而无法改进以致不能履行合同时。

（4）有违法行为而经查证属实者。

（二）合同终止的赔偿责任

因需要变更而由买方要求终止合同者，卖方因此遭受的损失，由买方负责赔偿。

因卖方不能履约，如果属于天灾人祸或不可抗力因素所引起的，买卖双方都不负赔偿责任，但如果卖方不能履约是属于人为因素，买方的损失由卖方负责赔偿。

因特殊原因而导致合同终止的，买卖双方应负何种程度的赔偿责任，除合同中另有规定外，应会同有关单位及签约双方共同协议解决，如无法达成协议时则可采取法律途径解决。

（三）国内采购合同终止的程序

买方验收单位根据规定终止合同时，应立即通知卖方，并在通知书上说明合同终止的范围及其生效的日期。

卖方接获通知以后，应立即按照以下规定办理。

（1）依照买方终止合同通知书所列范围与日期停止生产。

（2）除为了完成未终止合同部分的工作所需外，不再继续进料、雇工等。

（3）对于合同内被终止部分有关工作的所有订单及分包合同，应立即终止。

（4）对于卖方对他人的订单及分包合同终止所造成的损失，可按终止责任要求赔偿。

（5）对于终止合同内已制成的各种成品、半成品及有关该合同的图样、资料，依照买方的要求而送到指定的地点。

（6）合同终止责任如属买方时，卖方在接获合同终止通知书后，可在60天内申请赔偿。如卖方未能在规定的期间提出请求，则买方依情况决定是否给予卖方赔偿。

（7）合同终止责任如属卖方时，卖方应在接到合同终止通知书后，在规定期内履行赔偿责任。如果终止合同仅为原合同的一部分时，对于原合同未终止部分应继续履行。

（四）国际采购合同终止的程序

（1）国际采购合同规定以收到信用证为准，并订明在收到信用证以后多少日起为交货日期，由于其在开发信用证以前尚未具体生效，此时不论买卖双方是否要求终止合同，可径行通知对方而不负任何赔偿责任。

（2）信用证有效日期已过而卖方未能在有效期内装运并办理押汇时，买方得以不同意展延信用证日期而终止合同，此时买方不负任何赔偿责任。

（3）如果在交货期中终止合同时，除合同另有规定以外，合同的终止需经买卖双方协议同意后才可，否则可视实际责任要求对方负责赔偿。

第七章
采购订单处理

学习目标

1. 能够准确地制定采购订单,并选择合适的供应商下单、签单。
2. 能够从容地处理小额请购、紧急订单。
3. 能够采取各种措施,如催货规划、及时跟催,以确保货物能按时交付,并减少催货工作。

第一节 制作并发出采购订单

一、请购的确认

(一) 确认需求

确认需求就是在采购作业之前,应先确定购买哪些物品、买多少、何时买、由谁决定等,这是采购活动的起点。

1. 发出采购需求的部门

采购需求的提出往往是以请购单的形式,通常请购单都是由下列人员或部门提出的,见表7-1。

表7-1 发出采购需求的部门

序号	发出采购需求的部门	适用范围
1	使用部门	一般性物料均由使用部门开出请购单,经采购部门购入物料后,由仓储部门通知其领用
2	仓储部门	属于存量管制的物料,由仓储部门按照订购点自行请购,无需征求使用部门的同意(除非此项物料准备停用)
3	生管或物管部门	当物料管理电脑化时,则依据物料需求计划及存量管制标准,直接由电脑列印请购单,但仍需经过物料或生管部门签核
4	项目小组	当工厂进行扩建计划,或公司制定新产品开发计划时,均由负责此等计划的项目小组开出请购单,以进行扩建或开发事宜
5	总务部门	办公用品,通常由总务部门统筹各部门的需求,再集中请购

为避免发生采购标的与请购需求不能完全符合,应注意下列事项,见表7-2。

表 7-2 提出采购申请的要求

序号	注意事项	具体要求
1	适当的请购人	请购所需求的内容，由使用部门或统筹管理的部门填写，由这些部门提出请购，最能正确表达各项需求的内容与附属条件
2	以书面的方式提出	物料的采购，有时牵涉相当复杂的内容，若仅以口头方式提出要求的条件，不但容易发生沟通上的错误，将来在验收时若与实际的需求有差异，因"口说无凭"，双方也会发生纷争，因此，以"请购单"详载所需物料的名称、规格、料号、数量、需要日期等内容，可使请购的诉求趋于明确与周全
3	确定需求的内容	即确实表明物料品质上的一些条件，包括物料的成分、尺寸、形状、强度、精密度、耗损率、不良率、色泽、操作方式、维护等各种特性
4	以规格表明示需求的水准	需用部门对品质的要求水准可以用规格表明示，以规格表明示品质的形态极多，包括厂牌或商标、形状或尺度、化学成分或物理特性、生产方式或制作方法、市场等级、标准规格、样品、蓝图或规范、性能或效果、用途等
5	盘算预算	需求的内容及水准，常与请购人的预算有密切关系，因此，在提出请购之前，必须先就支付能力与愿意承受代价的上下限加以盘算，以免请购内容超出预算范围

2. 采购需求发出的原因及流程

任何采购都产生于企业中某个部门的确切需求。生产或使用部门应该清楚地知道本部门独特的需求，即需要什么、需要多少、何时需要，这样仓储部门会收到这个部门发出的物料需求单，经汇总后，将物料需求信息传递给采购部门，有时这类需求也可以由其他部门的富余物料来加以满足。当然，企业迟早要进行新的物料采购，因此采购部门必须有通畅的渠道从而能及时发现物料需求信息。采购需求发出的流程如图7-1所示。

图 7-1 采购需求发出流程

同时，采购部门应协助生产部门一起来预测物料需求。采购管理人员不仅应要求需求部门在填写请购单时尽可能地采用标准化格式，尽量少发特殊订单，而且应督促其尽早地预测需求以避免太多的紧急订单，从而减少因特殊订单和紧急订货而增加的采购成本。

另外，由于了解价格趋势和总的市场情况，有时为了避免供应中断或是价格上涨，采购部门必然会发出一些期货订单，这意味着对于任何标准化的采购项目，采购部门都要把正常供货提前期或其他的主要变化通知使用部门，从而使其对物料需求作出预测，因此要求采购部门和供应商能早期介入（通常作为新产品开发团队的一个成员），因为采购部门和供应商早期介入会给企业带来许多有用信息和帮助，从而使企业避免风险或降低成本，加速产品推向市场的速度，并能带来更大的竞争优势。

（二）制定需求说明

需求说明就是在确认需求之后，对需求的细节如品质、包装、售后服务、运输及检验方式等，都要加以准确说明和描述。采购人员如果不了解使用部门到底需要什么，就不可能进行采购，出于这个目的，采购部门就必须对所申请采购物料的品名、规格、型号等有一个准确说明（见表7-3）。如果采购人员对申请采购的产品不熟悉，或关于请购事项的描述不够准确，应该向请购者或采购团队进行咨询，而不能单方面想当然地处理。

表7-3　采购需求说明书

序号	名称	规格型号	单位	数量	品质	包装	售后服务	运输及检验方式

（三）审核采购申请单

在具体的规格要求交给供应商之前，采购部门需要对采购申请单做最后的审核。采购申请单应该包括以下内容。

（1）日期。

（2）编号（以便于区分）。

（3）申请的发出部门。

（4）涉及的金额。

（5）对于所需物品本身的完整描述以及所需数量。

（6）物品需要的日期。
（7）任何特殊的发送说明。
（8）授权申请人的签字。
以下提供一份采购申请购单的范本供参考。

【范本15】采购申请单

采购申请单

编号：　　　　　　申请部门：　　　　　　年　月　日

序号	物品名称	规格型号	数量	估计价格	用途	需用日期	备注

申请人：　　　　　　申请部门经理：　　　　　　　　　　批准人：

注：本单一式三联，第一联申请部门留存，第二联交采购部，第三联交仓库；备注栏须注明预算内、外。

二、采购订单准备

采购人员在接到审核确认的请购单后，不要立即向供应商下达订单，而是先要做好以下的订单准备工作，如图7-2所示。

图7-2　订单准备流程示意图

该流程说明见表7-4。

表7-4 订单准备流程说明

序号	准备事项	具体要求
1	熟悉物料项目	首先应熟悉订单计划,因为订单上采购的物料种类有时可能很多,有时可能是从来没有采购过的物品项目,对其采购环境不一定熟悉,这就需要采购人员花时间去了解物品项目的技术资料等
2	确认价格	由于采购环境的变化,作为采购人员应对采购最终的价格负责,因此,采购人员有权利向采购环节(供应商群体)价格最低的供应商下达订单合同,以维护采购的最大利益
3	确认质量标准	采购人员应随时掌握供应商实力的变化,以便于对前一订单的质量标准进行调整
4	确认物料需求量	订单计划的需求量应等于或小于采购环境订单容量(经验丰富的采购人员可不查询系统也能知道),如果大于则提醒认证人员扩展采购环境容量;另外,对计划人员的错误操作,采购人员应及时提出,以保证订单计划的需求量与采购环境订单容量相匹配
5	制定订单说明书	订单说明书的主要内容包括说明书(项目名称、确认的价格、确认的质量标准、确认的需求量、是否需要扩展采购环境容量等方面),另附有必要的图纸、技术规范、检验标准等

三、选择本次采购的供应商

订单准备工作完毕后,采购人员的下一步工作就是最终确定本次采购活动的供应商,而确定本次具体采购活动的供应商,应做好以下工作,如图7-3所示。

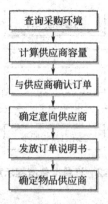

图7-3 本次采购活动供应商选择流程图

（一）查询采购环境

采购人员在完成订单的准备后，要查询采购环境信息系统，以寻找适应本次物料供应的供应商。通常，企业会对一些关键物料的供应商进行认证，认证环节结束后会形成公司物料项目的采购环境，用于订单操作（见表7-5）。对于小规模的采购，采购环境可能记录在认证报告文档上；对于大规模的采购，采购环境则使用信息系统来管理。一般来说，一项物品应有3家以上的供应商，特殊情况下也会出现一家供应商，即独家供应商。

表7-5 关键物料合格供应商清单

序号	零件名称	代号	供应商名称	订单容量	备注

（二）计算供应商容量

如果向一个容量已经饱和的供应商下单，那么订单很难被正常执行，最后会导致订单操作的失败，因此作为经验丰富的采购人员，首先要计算一下采购环境中供应商的容量，哪些是饱和的、哪些有空余容量，如果全部饱和，请立即通知相关认证人员，并对其进行紧急处理。

（三）与供应商确认订单

从主观上对供应商的了解需要得到供应商的确认，供应商组织结构的调整、设备的变化、厂房的扩建等都影响供应商的订单容量，有时需要进行实地考察，尤其要注意谎报订单容量的供应商。

（四）确定意向供应商

采购人员在权衡利弊（既考虑原定的订单分配比例，又要考虑现实容量情况）后，可以初步确定意向供应商，以便确定本次订单由哪一家供应商供应，这是订单操作实质性进展的一步。

（五）发放订单说明书

既然是意向，就应该向供应商发放相关技术资料。一般来说，采购环境中的供应商应具备已通过认证的物品生产工艺文件，如果是这样，订单说明书就不要包括额外的技术资料。供应商在接到技术资料并对其分析后，即会向采购人员做出"接单"还是"不接单"的答复。

（六）确定物品供应商

通过以上过程，就可以决定本次订单计划所投向的供应商，必要时可上报经理审批，因为供应商可以是一家，也可以是若干家。

四、与供应商签订采购订单

在选定供应商之后，接下来要做的工作就是同供应商签订正式的采购订单，而采购订单根据采购物品的要求、供应的情况、企业本身的管理要求、采购方针等要求的不同而各不相同。签订采购订单一般需要经过以下过程。

（一）制作订单

拥有采购信息管理系统的企业，可直接在信息系统中生成订单；在其他情况下，则需要订单制作者自选编排打印。企业通常都有固定标准的订单格式，而且这种格式是供应商认可的，只需在标准合同中填写相关参数（物品名称代码、单位、数量、单价、总价、交货期等）及一些特殊说明后，即可完成制作合同操作。

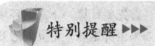

> 价格及质量标准是认证人员在认证活动中的输出结果，已经存放在采购环境中，采购人员的操作对象是物品的下单数量及交货日期。特殊情况下可以向认证人员建议修改价格和质量标准。

跨国采购的双方沟通不易，因此订购单成为确认交易必需的工具。当采购单位决定采购对象后，通常会寄发订购单给供应商，作为双方将来交货、验货、付款的依据。国内采购可依情况决定是否给予供应商订单。由于采购部门签发订购单后，有时并未要求供应商签署并寄回，形成买方对卖方的单向承诺，实属不利，但订购单能使卖方安心交货，甚至有可获得融资的便利。

订购单内容应特别侧重交易条件、交货日期、运输方式、单价、付款方式等方面。根据用途不同，订购单可分为厂商联（第一联），作为厂商交货时的凭证；回执联（第二联），由厂商签认后寄回；物品联（第三联），作为控制存量及验收的参考；请款联（第四联），可取代验收单；承办联（第五联），制发订购单的单位自存。

以下提供一份订购单供参考。

【范本16】订购单

订购单

请购单号：　　　　　　　　　　　　　　　　日期：

厂商		编号		地址		电话	
订购内容							
项次	物料名称	料号	单位	订购数量	单价	金额	交货日期	数量
1								
2								
3								
4								
5								
合　　计								
合计金额（大写）			万　仟　佰　拾　元				交货地点	

交易条款

交货期：
　承制厂商须依本订单交货期或本公司采购部以电话或书面调整的交货期交货，若有延误，每逾一日扣该批款的____%。

品质：
　依照图纸要求。
　进料检验：依MIL-STD-I05D II抽样检验，AQL依本公司规定。

不良处理：
　1.经检验后的不合格品，应于3日内取回，逾时本公司不负责。
　2.如急用需挑选所产生的费用，依本公司的索赔标准计费。

附件：
　1.产品图纸：_____张
　2.检验标准：_____份

总经理	经理	主管	承办人	承制厂

（二）审批订单

审批订单是订单操作的重要环节，一般由专职人员负责，其主要审查内容，如图7-4所示。

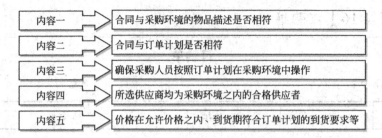

图7-4 订单审批的主要内容

（三）与供应商签订订单

经过审批的订单，即可传至供应商确定并盖章签字。签订订单的方式有4种，如图7-5所示。

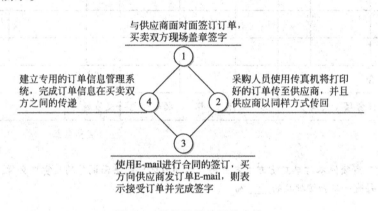

图7-5 签订订单的四种方式

（四）执行订单

在完成订单签订之后，即转入订单的执行时期。加工型供应商要进行备料、加工、组装、调试等过程；存货型供应商只需从库房中调集相关产品及适当处理，即可送往买家。

五、小额请购的处理

小额请购是采购人员在请购阶段常会面临的问题之一。

依照80：20法则（柏拉图原理），就采购而言，80%的请购单只占采购总金额的20%。换句话说，小额请购占用了绝大多数采购作业的人力，而解决之道在于降低小额请购的批次。通常，采购人员可采取下列方法，解决小量请购问题，见表7-6。

表7-6 小额请购的处理方法

序号	方法	具体操作要领
1	集中采购	集中采购包括指定办理的部门及时间，如将各部门所需的小量请购，交由指定的部门集中办理，统筹供需，或是指定这些小量物料的请购日期，在同一时间内汇集其需求量，以便一次性采购，而且集中采购不但可节省人力，也可获取数量折扣
2	减少品种	要设法将小量采购的项目标准化，借以减少请购次数，如将规格相近的物品加以汇总，制定出通用的标准规格，如果此品种减少了，请购的件数也就会随之降低
3	化零为整	在接到小量请购时，如果不是紧急需用者，就将其暂时搁置，待累计小量请购单达至一定数量或金额时，再行采购
4	采取统购	"统购"是指将价值不高、价格稳定且经常需用而品种规格繁多的物品，应先与供应商签订统购合约，议定价格，当需用时，由请购部门直接通知供应商送货，免除请购及采购的手续，因为只要仓储部门开出验收单即可付款

六、紧急订单的处理

通常，采购部门会收到太多的标注着"紧急"字样的订单。

（一）紧急订单出现的原因

紧急订单的出现不可避免，也有其存在的理由。款式和设计上的突然改变以及市场状况的突然变化都会使精心规划的物料需求不再适用，如果实际所需的部件或物料没有库存，那么生产的中断就不可避免。紧急订单出现的原因有以下4种，如图7-6所示。

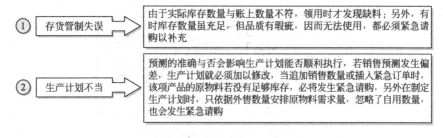

① 存货管制失误 → 由于实际库存数量与账上数量不符，领用时才发现缺料；另外，有时库存数量虽充足，但品质有瑕疵，因而无法使用，都必须紧急请购以补充

② 生产计划不当 → 预测的准确与否会影响生产计划能否顺利执行，若销售预测发生偏差，生产计划就必须加以修改，当追加销售数量或插入紧急订单时，该项产品的原物料若没有足够库存，必将发生紧急请购，另外在制定生产计划时，只依据外售数量安排原物料需求量，忽略了自用数量，也会发生紧急请购

图7-6

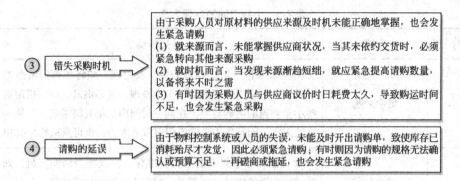

图7-6 紧急订单出现的四大原因

紧急订单引发的代价通常较大,而且也会给供应商带来负担,而这必然会直接或间接地体现在买方最后的支持价格之中。

(二)紧急订单的解决办法

紧急请购将会造成品质降低、价格偏高等损失,因此应做好存货管制、生产计划,并正确掌握请购及采购时机,以避免负担产销上的额外成本。

但对于那些并不是出于紧急需要的所谓"紧急"订单而言,可以通过正确的采购流程方面的教育加以解决。如在一家企业,如果某一个部门发出了紧急订单,这个部门必须向总经理作出解释并得到批准,而且即使这一申请得到批准,紧急采购所增加的成本在确定之后也要由发出订单的部门来承担,其结果自然是紧急订单的大量减少。

七、采购订单的传递和归档

(一)采购订单的传递路径

个别企业在采购订单一式几份方面以及如何处理这些不同副本方面各不相同,典型情况下,采购订单的可能传递路径如图7-7所示。

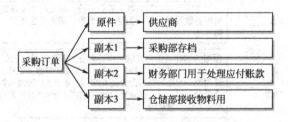

图7-7 采购订单的传递路径

具体方式可能如下。

（1）原件发往供应商，有时随单附一份副本以便供应商返回作为其接受合同的证明；一份副本归入按顺序编号的采购订单卷宗中由采购部门保管。

（2）有些公司的采购部门不保存采购订单的副本，他们把采购订单拍照后，用缩微胶片的形式进行保存；另一副本则由供应商保管；财务部门也会收到一份订单副本以便于处理应付账款；一份副本发往仓储部门，便于其为接收物料作准备。

如果公司组织结构把收货和仓储两个职能分开处理，收货部门也会收到一份副本。

这些副本将按照供应商名称的字母顺序进行归档，并用于记录货物到达后真正收到的数量，如果收到的物料还要经过检验（通常原材料和生产部件就是这样）的话，也要送一份副本到检验部门。

 特别提醒 ▶▶▶

尽管采购订单的所有副本内容上都是相同的，并且是一次同时填写完毕的，但是这并不意味着它们在形式上也必须一模一样。比如，供应商的接受函上可能包含有其他副本不必列出的表明其接受意见的条款。填写收货方面的各项数据仅仅是收货部门对订单副本的要求。采购部门的订单副本则可能要求列出发货承诺、发票以及运输等方面的条款。由于价格的保密性，一般而言它不会出现在收货部门的副本上。

（二）采购订单的保存

不管采购订单以何种方式加以保存，都必须做到在需要这些文件的时候可以轻而易举地找到它们。具体可以这样做：所有与一项特殊采购的订单有关的文书应该附在一张订单副本上，如果可能的话，还要将其在某处归档并建立交叉索引，以便需要时可以很快找到。

对于一式两份的采购订单的归档，可按以下两个方法来处理，如图7-8所示。

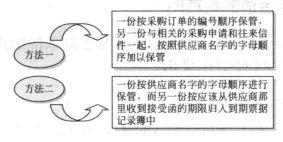

图7-8 采购订单的归档方法

第二节 交期管理与货物跟催

一、按时交付是采购的目标

实现按时交付是标准的采购目标，如果延迟交付货物或材料，或者未能按期完成工作，那么就可能导致销售失败、生产停滞或客户满意度下降等。

另外，一旦收到订单，大多数企业就将组织货物进行交付，按支付方式产生应收账款或预收账款，如果无法实现按时供货，就可能会出现现金循环减缓或索赔，从而降低企业的效率或利润率。

如果供应商未能按时交付，使用部门的员工会责备采购员，因此，为实现按时交付，要确保使用部门了解交货周期以及其他一切必要信息。

> **特别提醒 ▶▶▶**
>
> 实现按时交付的第一步就是坚定地、准确地决定需要什么和什么时候需要。通常情况下，是由与物料相关的部门，如库存控制部门或生产计划编制及控制部门来制定需求进度，而对于有别于常规的需求，通常由使用部门提出所需物品，规定这些需求日期时并不考虑供应商的交货周期和销售情况，这显然不是好的做法，因为这样做可能造成延迟交付。应注意就"交货周期"的含义及表达方式达成相互谅解，只有确保各需求部门通知采购部门的需求日期是可完成的，才可以适当地开展并实现采购。

二、规定合适的前置期

当有需求、希望进行采购时，我们必须清楚地知道所需要的时间，因此需要明确前置期的概念及总的时间需要多长。

（一）何谓"前置期"

"前置期"这一术语经常用于代替交付时间或者与交付时间并用。前置期通常会涉及三个方面的概念。

1. 内部前置期

内部前置期是指从确定产品或服务需求到发出完整的采购订单所占用的时间。这包括准备规格、识别合适的供应商、询价和报价过程、最终选择供应商及签订合同，若以公式表示则为：

内部前置期＝准备规格的时间＋识别合适供应商的时间＋询价、报价的时间＋
最终选择供应商的时间＋签订合同的时间

2. 外部前置期

外部前置期是指从供应商收到采购订单到完成采购订单（通常是指交付产品或服务）所占用的时间，它通常也被称为供应商交付时间。

3. 总前置期

总前置期是指从确定产品或服务需求到供应商完成采购订单所占用的时间，因此，它是上述内部前置期和外部前置期的总和，再加上从采购方发出采购订单到供应商收到采购订单之间的时滞。

总前置期＝内部前置期＋外部前置期＋
采购方发出采购订单到供应商收到采购订单之间的时滞

（二）设定合适的前置期

内部前置期常常是总前置期的一个重要组成部分，但是经常被忽视。当然，内部前置期的不确定性也很大，而缩短前置期既要重视外部（供应商）前置期又要重视内部前置期。

在设置前置期时，要考虑采购方和供应商双方的很多因素，如图7-9所示。

☆采购方的因素☆
- 如果采购方没有向供应商提供充足的或者正确的信息，供应商的前置期可能会延长，如供应商可能要停下来等待采购方的一部分技术资料或更准确详细的需求信息
- 采购方在供应商设施所在地实施检验可能会增加总前置期
- 漫长的进货程序可能会增加总前置期
- 在持续需求的情况下，采购方可能会协助供应商准备一份有关在什么日期需要多少物品的预测，这就允许供应商提前计划他们的活动，减少外部前置期

☆供应商的因素☆
- 供应商处理订单的过程若繁琐而复杂则会增加前置期
- 供应商处理订单的系统，如ERP系统会极大地提高订单处理速度，会减少前置期
- 货物的运输方式会影响到总前置期，不同的运输方式，运输时间差别很大，在计算总前置期时必须考虑
- 供应商的生产方式也会影响到总前置期，MTO（make to order）按订单生产，供应商接到客户订单以后才开始生产，MTS（make to stock）库存生产，供应商已经生产出产品，接到客户订单时把库存的产品交付给客户，很明显，MTO的生产方式前置期要更长

图7-9 在设置前置期时所考虑的因素

（三）确认所报前置期的可信度

采购方将前置期规定为尽可能快，而供应商提出前置期比如"10～14周"，

这在工作中都很常见，但是应该避免这些做法，因为买卖双方的期望不同，采购方应该确切地知道供应商同意了规定的交付日期，并在采购订单文件中清楚写明。

供应商可能会不择手段地提出他们可能实现不了的交付日期，以便赢得生意，采购方要负责确定供应商提出的日期是否现实。比如，采购方可能要确定以下问题。

（1）该供应商是否有足够的能力。
（2）该供应商是否有可信的绩效统计。
（3）供应商对其前置期较长的部件库存。
（4）供应商是否有适当的供应战略。
（5）供应商是否完全采用MTO的生产方式。

三、采购催货的规划

（一）须跟催的活动

如果按时交付很重要，采购方就会认为有必要催交订单，即跟踪供应商。采购方可以要求供应商提供一份说明何时完成主要活动的生产计划，以确定哪些活动要催交。

（二）催货的形式

催货可以通过电话、信函或者访问供应商等形式完成。

（三）催货的方法

催货是检查供应商的交付计划并识别可能出现问题的过程。可以根据组织结构或采购部门的结构来选择合适的催货方法，如图7-10所示。

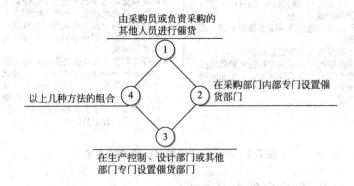

图7-10　催货的四大方法

（四）催货系统和催货机制

采购部门应该形成一整套的催货系统和催货机制，以保证催货工作有条不紊地进行。

（1）选择需要催货的订单。并非所有的订单都需要催货，因此，为了便于催货，可以将订单进行分类，见表7-7。

表7-7 订单跟催分类

类别	跟催要求
A类订单	非常重要的，值得进行供应商访问的订单，以保证订单履行
B类订单	需要通过电话或电子邮件提醒供应商的订单
C类订单	只有当供应商不能按合同要求及时发运时才进行催促的订单
D类订单	只有当有特殊要求时才进行跟踪的订单

（2）确定催货时间。
（3）确定采取适当的催货行动。
（4）在提示系统中输入行动细节。

四、采购跟催执行

采购业务可分为下订单阶段、进行阶段、生产阶段和交货后阶段四个阶段，而不同阶段的跟催要点不一样。

（一）下订单阶段就要跟催

下订单阶段是指一发出订单就要实行由此而来的业务处理。为了使之能按照交货期交货，订货者要对供应商行使必要的支援。

1.主要业务事务

发出了订单，假如图纸或规范不交给供应商，仍然无法让其制定生产计划，另外，所交给的东西，对方有了质疑时应迅速查明。又假如只提示制品或零件的机能或设计构想，图纸或规范约定由供应商制定时，应使对方能在双方约好的时日提出，一提出则迅速交给技术部门核认。

另外，有必要安排支给品在预定日支给。至于有需模具、治工具者，要决定由买方制造或由供应商制造，接洽日程以决定其性能或程度能否符合最适经济成本。不易进货的材料，要妥善与供应商协调，身边有货则予以支给。供应商的负荷也需调查，看看是否交货期过分集中，能否如期交货。

2.跟催行动要点

采购员在下订单阶段应跟催的事项，见表7-8。

表7-8 采购员在下订单阶段应跟催的事项

序号	对象	行动
1	图纸、规范	（1）确认有无发出： ——已发出时应决定如何分发，进而予以追踪决定 ——未发出时应确认如何发出，决定如何分发，并调整货期 （2）有疑问时或供应商有所质疑时，应详加调查 （3）确认是否有相关的图纸、规范 （4）有必要由供应商提出图纸、规范，予以承认时： ——对图纸、规范的提出加以追踪 ——所提出的图纸、规范不完备时，要求其修订并予以追踪 ——新设计时与技术部门的协调情形，应予以追踪
2	支给品	（1）掌握支给预定日 （2）调整支给预定日与货期 （3）调整支给预定日与供应商的生产能力 （4）调整生产批数与支给批数
3	模具、治工具	（1）自制或交由其他公司制造，与请购部门协商 （2）掌握进货预定日 （3）调整进货预定日与货期 （4）调整进货预定日与供应商的生产能力 （5）模具、治工具的性能、程度等的决定要符合最适经济成本
4	取得困难的材料	（1）要与供应商周旋 （2）手边有材料时要支给 （3）指定替代、借用材料
5	掌握供应商的能力	（1）负责状况的调查（人力的） （2）负荷的总重虽然与能力一致，仍要确认每一批的货期是否有勉强之处 （3）设备、机械能量的调查（物料的）

（二）要确认供应商能否顺利生产

通常供应商接到采购方下的订购单后，会制定生产计划，这时，采购员也要跟紧，以确认其能否顺利生产。图纸和规范是否齐全、有无完备、是否需要修订、版数（跟着修订而会改变版数）是否符合等要加以确认，具体跟催要点见表7-9。

表7-9 进行阶段的跟催要点

序号	对象	行动
1	图纸、规范	（1）确认有无不齐、不备的图纸、规范 （2）有了修订时，迅速通知并予确认 （3）核对试制图纸与正式发行图纸 （4）反复制作制品要确认其版数 （5）不清楚的地方要随时予以回答 （6）如果对方提出无法按照指定要求制造时，应详加调查并予以回答
2	支给品	（1）确认有无按照预定支给 （2）延迟时要调整交货期 （3）确认有无不良、不足、疏漏、现品相异等情况 （4）按照指定的支给但还是发生不足的场合，采取以下措施： ——发生原因出在供应商的场合（不良品的发生、损失、损伤），办理再支给手续并予以追查 ——发生原因出在订购商的场合（指定数目的错误、添加率过低），应与有关部门接洽，办理追加支给的手续并予以追查 （5）发生了需要中断或取消订货的情况时，收回支给品及不足的部分，办理清偿手续并予以追查
3	模具、治工具	（1）确认能否按照预定计划送到 （2）延迟的场合，与有关部门接洽，决定对策并调整交货期 （3）制造完成时，有必要检查的场合，办理检查手续并予以追查 （4）对不合格的模具、治工具的决定对策： ——当获知供应商无法制造时，与有关部门接洽以决定对策 ——获知图纸、规范不完备时，迅速决定如何处置并予以指示
4	材料	（1）确认有无按照预定入库 （2）对未入库部分予以追查 （3）对不易入库的材料，决定对策： ——从中协助供应商 ——手边有材料时就予以支给 ——指定替代或代用材料 （4）调整预定日与交货期

（三）要追查供应商是否顺利进行生产

接下来，供应商会按照所排的生产计划来进行生产，走到这一步，采购员不要以为万事俱顺、不需要跟踪了，这时更有必要追查其是否顺利进行生产。

因为在这一阶段可能会产生的最大的问题是模具、治工具或设备、机器的故障及缺勤发生而使保有工数逐渐减少。采购方假如有余力，可协助供应商进行生产,或将制程上成为瓶颈的部分拿回来自己做。

另外,如果供应商发生一些意外事故,如发生火灾、风灾、水灾或倒闭,则不得不进行调整,由其他供应商来制造。

除此之外,还有由于采购方的原因而要延迟交货期或中止订货、取消订货的情况,采购员一了解到有此情况,则必须与供应商积极沟通,以避免造成乙方违约,而必须支付本不应支付的货款,或引起一些纠纷,其跟催要点见表7-10。

表7-10 生产阶段的跟催要点

序号	对象	行动
1	模具、治工具或设备、机器的故障	与有关部门接洽并决定对策,进而调整交货期
2	保有工数的递减	(1)由于伤病而发生缺勤,或由于和其他货品发生竞争,或与其他公司所订货的货品发生竞争时: ——要求时间外(加班)的开工速制 ——与其他货品调配 ——改换其他的供应商 ——改为自制 (2)调整交货期
3	火灾、风灾、水灾	(1)视被受害的程度而决定: ——改由其他公司制造 ——自我制造 (2)调整交货期
4	倒闭	(1)改由其他公司制造 (2)自我制造 (3)收买模具、治工具,进一步追查以下事情: ——连锁倒闭的防止 ——债权、债务的处理
5	罢工	(1)调整交货期后仍无法解决时: ——改由其他公司制造 ——自我制造 (2)除此之外,还有折中损害赔偿之事
6	由于订货者的原因而延迟交货期	充分考虑在不抵触有关的法令规章下,调整交货期
7	合同中止	(1)对支给品的收回与收回不足部分,办理清理手续并予以追查 (2)处理在制品 (3)起自订货者的原因时,对契约变更的损害赔偿要予以折中 (4)起自采购者的原因时,对损害的赔偿要予以折中

（四）供应商交货后也要跟催

供应商将所订的货品已经交货后，采购员的工作并没有就此打住，相反，采购员的工作要到交货后的货品经检验合格并运到现场才算结束，所以在这一阶段还不能撒手不管。

在这一个阶段，或许会有数量的过多或不足，当然也难免会有不合格品的纳入，对这些都要给予适当的处理。

供应商辛辛苦苦交来的货品，有无被请购部门放置未用，采购部门也要加以注意。

交货阶段的跟催要点见表7-11。

表7-11 交货阶段的跟催要点

序号	对象	行动
1	数量的过剩、不足与损失	（1）未收数量的追查： ——催促交货，确认交货期 ——交货期已过，已经不需要该货品时，办理取消手续 （2）过剩数量的处置： ——有其他订单，也有未收数量时，办理调换手续 ——退还 （3）不足与损失的处置： ——调查原因，追踪现品 ——重新安排货品的取得
2	搬运	确认已收货品是否迅速通过检查，并搬运给所需部门
3	检查	确认已收货品是否进行顺利，能够在预定的检查期间内完成检查，要督促紧急货品的检查
4	不合格品的处置与对策	（1）确认不良的内容 （2）调查原因 （3）接洽合格品质的水准 （4）要求适合于使用目的的视为良品（过剩品质的防止） （5）调整交货期 （6）决定重新安排或采取对策 （7）特别采用的折中（只要稍加工就能使用的场合，如涂装之前，使用砂纸一磨就除去伤痕） （8）改由其他公司制造 （9）自我制造
5	合格品的搬运督促	由检查到现场搬运的追查
6	交货数与支给	未支给品与过剩支给品的追查

五、减少催货的措施

(一)改善与供方的沟通

1.了解引起协调差距的主要原因

追究交货期延迟的原因时发现,来自供应商与采购方之间的协调差距或隔阂为主要因素。引起协调差距的主要原因见表7-12。

表7-12 引起协调差距的主要原因

序号	主要原因	详细说明
1	未能掌握产能变动	指供应商接受了超过产能以上的订单,如为保证订单充足,供应商接受了其他公司的订单,作业员生病需要长期疗养,或有人退休而致人手不足……但供应商却未坦白告知
2	未充分掌握新订货品规范、规格	供应商尽管想要知道更加具体的内容,却担心会让采购方认为啰唆而不给订单,以致在未充分掌握规格、规范之下进行作业
3	未充分掌握机器设备的问题点	为了定期点检而须停止操作,或由于故障而须予以修护之类的事情,确非采购方所能获悉
4	未充分掌握经营状况	由于资金短缺,而导致无法一起购进材料之类的事情发生
5	指示联络不切实	关于图纸的修订、数量的增加、货期的提前等未能详细传达给能够处理这些问题的人,除了口头说明外,事后补送书面资料也极为重要
6	日程变更的说明不足	无论日程的提前或延后,假如不将真意传达给对方,使其充分了解进而获得协调,则必定会有差错
7	图纸、规范的接洽不充分	双方视对方的来询、接洽为麻烦,其实,只要站在对方的立场迅速回答则不会出问题
8	单方面的交货期指定	没有了解供应商的现况,仅以订货方的方便来指定交货期,并不了解就接受供应商的交货周期

2.了解供应商产能状况

供应商通常在一定的期间要生产许多订购的物品。

许多受订货品的交货日期可能重叠,生产也可能集中于某些机器设备上,对于这种情况,供应商总是要排出先后缓急的顺序。表7-13列明了供应商的生产优先顺序,采购人员应予以重视。一定要了解供应商所提出的产能与实际产能之间的差异,为此,最好亲自到供应商的工厂去了解其实际的生产状况。

表7-13 供应商的生产优先顺序

顺序号	项目	顺序号	项目
1	该生产被拒就很糟的	8	依存度高的公司的货品
2	付款条件良好的	9	想提高依存度的公司的货品
3	价格高的	10	催货很紧的
4	工作很熟悉的	11	货期麻烦的
5	工作较熟悉的	12	有材料的
6	能提高作业效率的	13	已来订单的
7	量多的	14	支给品的价格高的

另外，采购方应与供应商努力沟通，站在供应商的立场来下订单，避免由于彼此间的隔阂而引起沟通不畅的现象，从而导致交货期延迟。

3.消除双方沟通不善的基本对策

（1）充分了解购入品或外包加工品的内容，将适当、适量的货品向适当的交易对象下订单。采购人员除了要对自己经手的物品充分了解外，还需正确掌握对方的产能。

（2）确立调度基准日程。关于调度所需要的期间，要与生产管理部门取得共同的理解，要得到生产管理、设计、制造、技术等部门的帮助；对外包加工品要设定调度基准日程，据此决定适当的交货期，以便下订单。

（3）建立交货期权威，以提高交货期的信赖度。基于采购方与供应商双方的信赖来设定交货期；使货期的变更或紧急、特急、临时订货之类的事情减少，以建立交货期权威，提高信赖度，从而提高交货期的遵守度。

（4）使订货的批量适当。使采购方及供应商双方都能接受最经济的数量。

（5）确立支给品的支给日程并严加遵守。应该避免"支给慢了，但是交货期要遵守"之类不合理的要求。

（6）管理供应商的产能、负荷、进度的余力。掌握对方（供应商）的产能、生产金额或保有工数，以行使其余力的管理。在这种情况下，尤其重要的是不要流于纸上谈兵，要切实做好，具体来说就是要掌握供应商的机器（设备）、作业人员的职种别及技术水准别、产能的界限等状况。

为了掌握机器、设备、人力的界限，不妨要求供应商提交"机器设备状况"、"职种别劳动状况"及"岗位劳动状况"等各种报表。

（7）事务手续、指示、联络、说明、指导的迅速化。比如，交货地点的变更、图纸改版的指示、不容易懂的图纸说明、品质管理的重点应放在哪里指导等都属于此项内容。

（8）当交货期变更或紧急订货时，应正确掌握其影响度。某一物料的交货期虽已确保，但要妥为处理，避免因其他物料而延迟，否则会引起恶性循环。

（9）加以适当的追查。当有宽裕的时间处置的时候，确认其进行状况，而进度的有效管理可活用"订货进度管理表"。

（10）分析现状并予以重点管理。加以ABC分析，进而将之变成柏拉图，这样就可以一目了然地了解对目的影响最大的是什么。如：A品的件数虽然少，但金额很大，C品的件数虽然多，但金额小，所以对A品有必要好好管理。由此可见，分析现状的目的，是为了改变管理方法，或为了重新检讨管理措施。

（二）建立并加强交货期意识等制度

交货期意识等制度的体系，如图7-11所示。

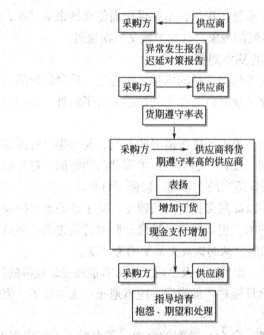

图7-11 交货期意识等制度的体系

1.异常发生报告制度

采购方有对供应商提出异常发生报告的义务。比如，对机器设备、模具、治工具（夹具）的故障或不良及货期延迟原因的出现等提出报告。

通过这一报告能预知货期的延迟，也可尽早未雨绸缪，因此该项制度远比延迟发生后才来研讨对策更加有效。

2.延迟对策报告制度

除了异常发生报告制度，使供应商明确延迟原因外，对其改善的对策也应要求提出报告。

3. 计算供应商交货期遵守率并公布的制度

编制每月供应商的交货期遵守（延迟）率并分发、公告，可以按照下列计算公式求取数字，另外，也可掌握每件货物的延迟日数，以便掌握延迟的动向。

$$交货期遵守率 = \frac{交货期遵守件数}{交货期延迟件数 + 交货期遵守件数}$$

$$= \frac{交货期遵守件数}{交货期到来件数}$$

$$交货期延迟率 = \frac{交货期延迟件数}{交货期到来件数}$$

4. 表扬制度

对交货期遵守情形良好的供应商，分为每年、上下半年、每季等给予表扬，公司的表扬制度示例，见表7-14。

表7-14 公司的表扬制度

方法 公司名	次数			表扬者（奖状具名人）			纪念品	奖金一等	对象公司	表扬的目的
	每年一次	每半年	每季	总经理	物控经理	事业经理				
A	○			○			○	○	前10名	建立表扬的权威
B		○			○				前10名	增加次数，给予动机
C			○		○				前10名	增加次数，给予动机
D	○			○			○		前10名	建立表扬的权威
E		○							前10名	增加次数，给予动机

5. 与订货量联结的制度

采购方视供应商交货期遵守的程度而对其采取以下措施，如图7-12所示。

```
A级  ⇒  增加订货量
B级  ⇒  订货量不变
C级  ⇒  减少订货量
D级  ⇒  停止订货
```

图7-12 视交货期遵守程度而采取的措施

但是，品质与价格比其他公司优异时，应另作考虑。还有，必须预先和供应商说明，以避免由减少或停止订货量所引起的纠纷。

6.与支付条件联结的制度

采购方视供应商交货期遵守的程度,以下列方式改变其付款方式,如图7-13所示。

```
A 级  ⇒  全额付现
B 级  ⇒  现金2/3,支票1/3
C 级  ⇒  现金1/2,支票1/2
D 级  ⇒  现金1/3,支票2/3
```

图7-13 视交货期遵守程度而有不同的付款方式

另外,假如由于资金调度困难而采取此对策时,应注意是否会因此而丧失长年所建立的信赖关系。

7.指导、培育的制度

比如,经营者研讨会、供应商有关人员的集中培训、个别巡回指导等。

8.抱怨、期望处理的制度

要诚恳听取供应商的抱怨、期望,并迅速加以处理、回答。可在企业物控部门内设置"供应商会谈室"之类的场所,用于对协力厂商的指导、培育及期望的处理。

参考文献

[1] 郭继伟. 货仓·采购·生管物控管理实例与问答. 广州：广东经济出版社，2000.

[2] 王槐林. 采购管理与库存控制. 北京：中国物资出版社，2004.

[3] 胡松评. 企业采购与供应商管理七大实战技能. 北京：北京大学出版社，2003.

[4] 傅利平. 进料检验与供应商管理. 深圳：海天出版社，2003.

[5] 朱新民，林敏晖. 物流采购管理. 北京：机械工业出版社，2004.

[6] 福友现代实用企管书系编委会. 企业管理制度精选. 厦门：厦门大学出版社，2001.

[7] 谢勤龙，王成，崔伟. 企业采购业务运作精要. 北京：机械工业出版社，2002.

[8] 徐哲一，武一川. 采购管理10堂课. 广州：广东经济出版社，2004.

[9] 陈元. 生产计划与物料控制实战精解. 广州：广东经济出版社，2002.

[10] 屿津司. 现代采购管理全书. 柯三元译. 中国台湾：中华企业经营管理公司，1999.

[11] 徐昭国. 采购主管一日通. 广州：广东经济出版社，2004.

[12] 王忠荣. 采购管理手册. 广州：广东经济出版社，2001.

[13] 李胜强，李华. 物料采购365. 深圳：海天出版社，2004.

[14] 张屹. 物料的配套供应. 北京：经济管理出版社，2005.